Fondamentaux des Prêts Hypothécaires Airbnb

Comment fonctionnent les prêts hypothécaires pour locations de courte durée et comment se qualifier

Par Joseph G. Correa

Courtier hypothécaire agréé, Finibi Mortgage

Droits d'auteur et avis juridique

Publié par Live Stronger Faster

Les informations fournies dans ce livre sont destinées à des fins éducatives et informatives uniquement et ne doivent pas être considérées comme des conseils financiers, juridiques ou fiscaux. Les lecteurs sont encouragés à consulter des professionnels agréés avant de prendre toute décision financière ou immobilière. L'auteur et l'éditeur déclinent toute responsabilité quant aux pertes ou dommages résultant de l'utilisation ou de la mauvaise utilisation des informations contenues dans cette publication.

Première édition, 2026

Table des matières

Avant-propos

Le monde de l'investissement immobilier a connu une transformation majeure ces dernières années, et au cœur de cette évolution se trouve l'essor des plateformes de location de courte durée comme Airbnb. Ce qui était autrefois considéré comme une stratégie de niche réservée aux propriétaires de résidences de vacances et aux professionnels de l'hôtellerie est aujourd'hui devenu l'un des outils les plus puissants de création de richesse pour les investisseurs modernes. Cette évolution a donné naissance à une nouvelle catégorie de financement — les prêts hypothécaires Airbnb — spécialement conçus pour soutenir l'acquisition, le refinancement et le développement de propriétés destinées à la location de courte durée. Le Livre 1 de la série *Airbnb Mortgage Loan Mastery* constitue votre base pour comprendre ce nouvel environnement. Il a été conçu pour vous apporter clarté, confiance et un avantage stratégique dans un marché où les règles traditionnelles ne s'appliquent plus.

Contrairement à l'immobilier conventionnel, les propriétés Airbnb et de location de courte durée reposent sur un modèle de revenus dynamique. Au lieu de loyers mensuels fixes, ces biens génèrent des revenus basés sur les tarifs à la nuit, la demande saisonnière, les taux d'occupation et l'expérience des clients. Cette variabilité crée à la fois des opportunités et des complexités. Les prêteurs traditionnels, qui s'appuient fortement sur des revenus prévisibles et la vérification de l'emploi des emprunteurs, sont souvent mal équipés pour évaluer ce type d'investissement. En conséquence, une nouvelle classe de produits de prêt a émergé — conçue pour analyser le potentiel de revenu du bien lui-même plutôt que les revenus personnels de l'emprunteur. Comprendre le fonctionnement de ces prêts est la première étape pour en exploiter pleinement le potentiel.

À la base, un prêt hypothécaire Airbnb n'est pas simplement un financement — c'est une stratégie. Il représente un passage d'une qualification basée sur l'emprunteur à une qualification basée sur l'actif. Au lieu de demander « Combien gagnez-vous avec votre emploi ? », les prêteurs demandent désormais « Combien ce bien peut-il générer ? ». Ce changement fondamental ouvre la porte à un large éventail d'investisseurs qui ne répondent pas aux critères traditionnels. Les travailleurs indépendants, les entrepreneurs, les nomades digitaux et même les débutants sans documentation de revenus extensive peuvent désormais accéder à des options de financement adaptées à leur réalité économique.

L'une des distinctions les plus importantes que vous découvririez dans ce livre est la différence entre les prêts hypothécaires traditionnels, les prêts DSCR et les prêts Non-QM (non qualifiés). Les prêts traditionnels sont conçus pour les résidences principales et les locations à long terme. Ils nécessitent une documentation complète, y compris les déclarations fiscales, les formulaires W-2 et des ratios d'endettement stricts. Bien que ces prêts offrent souvent des taux d'intérêt plus bas, ils manquent de flexibilité et de capacité d'expansion rapide. À l'inverse, les prêts DSCR (Debt Service Coverage Ratio) représentent une approche révolutionnaire du financement immobilier. Ils se concentrent sur les revenus générés par le bien lui-même. Le ratio DSCR mesure si les revenus locatifs sont suffisants pour couvrir les paiements hypothécaires. Pour les propriétés Airbnb, cela signifie que les prêteurs peuvent évaluer des revenus projetés à partir de données spécialisées plutôt que de se baser uniquement sur des comparables de locations à long terme. Cela crée une opportunité puissante de se qualifier sans vérification de revenus traditionnelle, permettant une croissance plus rapide avec moins d'obstacles.

Les prêts Non-QM élargissent encore davantage les possibilités. Ils sont conçus pour les emprunteurs qui ne correspondent pas aux critères conventionnels. Ils peuvent inclure des prêts basés sur les relevés bancaires, les actifs ou des programmes hybrides combinant plusieurs méthodes de qualification. Pour les investisseurs Airbnb, ces prêts offrent une grande flexibilité dans la structuration des opérations, notamment lorsqu'il s'agit de profils de revenus complexes ou de types de biens uniques. Savoir naviguer entre ces options — et comprendre quand utiliser chacune d'elles — est essentiel pour maîtriser le financement immobilier Airbnb.

Un autre concept clé abordé dans ce livre est la qualification des revenus issus de la location de courte durée. Contrairement aux locations traditionnelles, où les revenus sont stables et prévisibles, les revenus Airbnb nécessitent une analyse plus approfondie. Des facteurs tels que le tarif journalier moyen (ADR), le taux d'occupation, la saisonnalité, la demande locale et la gestion du bien influencent tous le potentiel de revenu. Les prêteurs peuvent utiliser des outils comme les rapports AirDNA, les comparables de marché et des projections validées par des évaluateurs pour estimer ces revenus. En tant qu'investisseur, savoir interpréter et présenter ces données peut considérablement améliorer votre capacité à obtenir un financement et à négocier de meilleures conditions.

Il est tout aussi important de comprendre qui peut se qualifier pour ces prêts. L'un des aspects les plus attrayants de ce modèle de financement est son accessibilité. Vous n'avez pas besoin d'être un investisseur expérimenté avec un large portefeuille pour commencer. Les débutants peuvent entrer sur le marché avec la bonne stratégie, notamment en utilisant des prêts DSCR ou à documentation réduite. Les travailleurs indépendants, souvent désavantagés dans le cadre de l'analyse traditionnelle, peuvent tirer un grand avantage de cette approche basée sur les actifs. Même les personnes à revenus élevés qui préfèrent limiter la divulgation de leurs informations financières peuvent y trouver une solution plus efficace et stratégique.

Ce livre a pour objectif de transformer votre état d'esprit — passer des limitations aux possibilités. Au lieu de vous demander si vous êtes admissible selon des règles dépassées, vous apprendrez à structurer votre profil et vos investissements en fonction des standards modernes du financement. Vous commencerez à voir le financement non pas comme un obstacle, mais comme un levier — un outil que vous pouvez optimiser, exploiter et développer. C'est cette vision qui distingue les investisseurs occasionnels de ceux qui bâtissent des portefeuilles solides et générateurs de revenus.

Au fil de la série, vous passerez des bases aux stratégies avancées. Vous apprendrez à calculer le DSCR à partir de données spécifiques à Airbnb, à acquérir votre première propriété avec efficacité, à développer un portefeuille multi-biens et à refinancer pour libérer des capitaux et accélérer votre croissance. Vous explorerez également des opportunités de niche telles que les propriétés Airbnb de luxe, les maisons de vacances et les investissements multifamiliaux. À la fin de cette série, vous aurez une compréhension complète de la structuration de pratiquement n'importe quel projet Airbnb en utilisant une combinaison d'outils de financement.

Cependant, tout commence ici — avec une compréhension solide des fondamentaux. Ce livre établit les bases de tout ce qui suivra. Il vous permettra de comprendre le langage du financement Airbnb, la logique des décisions d'analyse de crédit et les choix stratégiques qui déterminent le succès ou l'échec d'un projet. Il vous préparera également à communiquer efficacement avec les prêteurs, courtiers et partenaires, en vous positionnant comme un investisseur compétent et crédible.

L'opportunité dans la location de courte durée ne consiste pas seulement à posséder un bien — il s'agit de contrôler des flux de revenus, d'exploiter les données et d'utiliser le financement de manière stratégique pour accélérer la croissance. Les investisseurs qui réussissent ne sont pas nécessairement ceux qui disposent du plus de capital ou d'expérience, mais ceux qui savent aligner les opportunités avec la bonne structure de financement. C'est exactement ce que cette série vise à vous enseigner.

Alors que vous commencez ce parcours, rappelez-vous que l'objectif n'est pas seulement de comprendre le fonctionnement des prêts hypothécaires Airbnb, mais de les maîtriser. De voir des schémas là où d'autres voient de la confusion. D'identifier des opportunités là où d'autres perçoivent des risques. Et de construire un système qui vous permet de financer, développer et rentabiliser des propriétés de location de courte durée avec clarté et confiance.

Bienvenue dans le Livre 1 : *Fondamentaux des prêts hypothécaires Airbnb*. C'est ici que votre base se construit, que votre stratégie commence et que votre parcours vers un portefeuille immobilier évolutif et générateur de revenus prend véritablement forme.

Chapitre 1

Ce Qui Rend Les Prêts Hypothécaires Airbnb Différents

L'évolution de l'investissement immobilier a toujours été étroitement liée à l'innovation, mais peu d'innovations ont bouleversé le secteur aussi profondément que les plateformes de location de courte durée comme Airbnb. Ce qui nécessitait autrefois la possession d'un hôtel, des accords de franchise ou une expérience en immobilier commercial peut désormais être réalisé par des individus ordinaires disposant du bon bien, de la bonne stratégie et — surtout — du bon financement. Ce chapitre vise à expliquer clairement ce qui rend les prêts hypothécaires Airbnb réellement différents des produits hypothécaires traditionnels, et pourquoi comprendre ces différences est essentiel pour réussir dans le domaine des locations de courte durée.

Au niveau le plus fondamental, la différence commence par la manière dont les revenus sont générés. L'investissement immobilier traditionnel repose sur des baux à long terme, généralement de 6 à 12 mois ou plus. Cela crée des flux de revenus prévisibles et stables sur lesquels les prêteurs s'appuient pour évaluer le risque. En revanche, les propriétés

Airbnb fonctionnent sur une base quotidienne ou à court terme. Les revenus fluctuent en fonction du taux d'occupation, de la stratégie de tarification, de la demande locale, de la saisonnalité et de la qualité du bien. Cela crée un profil de revenu beaucoup plus dynamique — souvent plus rentable que la location à long terme, mais également plus complexe à analyser.

En raison de cette complexité, les règles hypothécaires traditionnelles n'ont jamais été conçues pour évaluer correctement les revenus Airbnb. Un prêteur examinant une demande de prêt classique recherche généralement des revenus W-2, des déclarations fiscales, des fiches de paie et un historique d'emploi stable. Pour les biens d'investissement, il peut considérer des contrats de location à long terme ou un loyer estimé par expertise. Cependant, les revenus Airbnb ne s'intègrent pas facilement dans ces catégories. Ils peuvent ne pas apparaître de manière constante sur les déclarations fiscales, surtout si le bien vient d'être acquis. Ils peuvent varier considérablement d'un mois à l'autre. Et ils dépassent souvent les estimations basées sur les loyers traditionnels.

Cet écart entre l'analyse de crédit traditionnelle et les stratégies d'investissement modernes a conduit à la création de produits de prêt spécialisés, notamment les prêts DSCR et les prêts Non-QM. Ces types de financement sont conçus pour évaluer la performance du bien plutôt que les revenus personnels de l'emprunteur. En d'autres termes, le bien lui-même devient la principale source de qualification. Il s'agit d'un changement fondamental qui transforme complètement la manière dont les opérations sont structurées.

Avec les prêts hypothécaires Airbnb, les prêteurs se concentrent de plus en plus sur une question clé : le bien peut-il générer suffisamment de revenus pour couvrir la dette ? C'est là qu'intervient le concept de DSCR (Debt Service Coverage Ratio). Au lieu de calculer un ratio dette/revenu basé sur les revenus personnels, le DSCR mesure la relation entre les revenus du bien et ses dépenses, y compris les paiements hypothécaires. Si le bien peut couvrir ses coûts — et idéalement générer un excédent — le prêt est considéré comme moins risqué, indépendamment de la situation professionnelle de l'emprunteur.

Une autre différence majeure réside dans la manière dont les revenus sont estimés. Pour les locations à long terme, les experts utilisent généralement des biens comparables pour déterminer le loyer du marché. Pour les propriétés Airbnb, cette approche est souvent insuffisante. Les prêteurs s'appuient plutôt sur des sources de données spécialisées, telles que des plateformes d'analyse de locations de courte durée, des données historiques de réservation ou des expertises incluant des projections de revenus. Ces outils analysent des facteurs tels que le tarif journalier moyen, le taux d'occupation et la demande saisonnière pour estimer le potentiel de revenus. Cela signifie que deux propriétés identiques dans le même quartier peuvent avoir des valorisations très différentes en fonction de leurs performances en location de courte durée.

Le processus d'analyse de crédit reflète également ces différences. Les prêts traditionnels sont fortement axés sur la documentation. Les emprunteurs doivent fournir de nombreux documents financiers, et même de petites incohérences peuvent retarder ou compromettre l'approbation. Les prêts Airbnb, notamment les prêts DSCR et Non-QM, offrent souvent plus de flexibilité. Bien que des documents soient toujours requis, l'attention se porte davantage sur la performance du bien, le profil de crédit et les réserves plutôt que sur la vérification détaillée des revenus. Cela peut considérablement simplifier le processus d'approbation, en particulier pour les investisseurs ayant des sources de revenus non traditionnelles.

Une autre distinction importante concerne la capacité de croissance. Le financement traditionnel peut devenir un obstacle pour les investisseurs souhaitant acquérir plusieurs biens. Le ratio dette/revenu augmente avec chaque nouveau prêt, limitant progressivement la capacité d'emprunt. Les prêts Airbnb, en revanche, permettent une expansion plus efficace, car chaque bien est évalué indépendamment. Tant que chaque propriété respecte les exigences de DSCR, les investisseurs peuvent continuer à développer leur portefeuille sans être limités par leurs revenus personnels.

La perception du risque diffère également. Du point de vue des prêteurs, les locations de courte durée peuvent sembler plus risquées en raison de la variabilité des revenus et des incertitudes réglementaires. Par conséquent, ces prêts peuvent s'accompagner de taux d'intérêt légèrement plus élevés, d'apports plus importants ou d'exigences de réserves plus strictes. Cependant, ces risques sont souvent compensés par le potentiel de revenus plus élevé des propriétés Airbnb. Les investisseurs capables d'optimiser la tarification, de maximiser l'occupation et d'offrir une excellente expérience client peuvent générer des rendements bien supérieurs.

L'emplacement joue un rôle encore plus crucial dans le financement Airbnb que dans l'immobilier traditionnel. Les locations de courte durée sont particulièrement sensibles à la demande touristique, aux réglementations locales et aux tendances saisonnières. Un bien situé dans une zone touristique à forte demande peut générer des revenus bien supérieurs à un bien similaire dans une zone moins attractive. Les prêteurs en tiennent compte et accordent une grande importance aux données du marché lors de l'évaluation des prêts. Les investisseurs doivent donc combiner stratégie de financement et analyse approfondie du marché.

La stratégie de gestion du bien constitue également un facteur clé. Contrairement aux locations à long terme, souvent passives, les propriétés Airbnb nécessitent une gestion active : optimisation des annonces, ajustement des prix, communication avec les clients, coordination du nettoyage et maintenance. Les prêteurs peuvent évaluer si le bien sera géré de manière professionnelle ou autonome, car cela influence la stabilité des revenus. Une gestion efficace augmente les chances d'atteindre ou de dépasser les projections de revenus.

Les considérations réglementaires jouent aussi un rôle important. De nombreuses villes imposent des règles spécifiques pour les locations de courte durée, telles que des licences, des restrictions de zonage ou des limites d'occupation. Ces réglementations peuvent affecter directement la capacité du bien à générer des revenus. Les prêteurs en tiennent compte et peuvent exiger la preuve de conformité. Comprendre ces règles est donc aussi important que d'obtenir un financement.

En définitive, ce qui distingue les prêts hypothécaires Airbnb n'est pas seulement le produit financier lui-même, mais tout le cadre dans lequel il s'inscrit. Il s'agit d'un modèle basé sur la performance, où le succès dépend directement de la capacité du bien à générer des revenus. Cela crée une approche plus entrepreneuriale de l'immobilier, où chaque décision — de l'acquisition à la gestion — influence le résultat.

À mesure que vous progresserez dans ce livre, vous apprendrez à exploiter ces différences à votre avantage. Vous saurez identifier les biens conformes aux critères des prêteurs, structurer des opérations optimisées et vous positionner comme un emprunteur solide. Cette connaissance vous permettra de dépasser les limites du financement traditionnel et d'accéder à un modèle plus flexible, évolutif et rentable.

L'idée clé de ce chapitre est que les prêts hypothécaires Airbnb ne sont pas simplement une alternative aux prêts traditionnels — ils représentent une nouvelle façon de penser le financement immobilier. Ils exigent une compréhension plus approfondie des marchés, des revenus et de la stratégie. Mais pour ceux qui sont prêts à apprendre et à s'adapter, ils offrent un chemin puissant vers la création de richesse grâce aux locations de courte durée.

Maintenant que vous comprenez ce qui rend ces prêts différents, l'étape suivante consiste à appliquer ces concepts dans des situations réelles. L'exemple suivant illustre comment analyser, financer et évaluer une propriété Airbnb en utilisant les principes présentés dans ce chapitre.

Chapitre 2

Prêts Dscr vs Prêts Traditionnels vs Prêts Non-QM Pour Les Propriétés Airbnb

Comprendre les différences entre les prêts DSCR, les prêts hypothécaires traditionnels et les produits Non-QM est l'une des étapes les plus importantes pour maîtriser le financement Airbnb. Ces trois catégories représentent des approches fondamentalement différentes pour évaluer le risque, qualifier les emprunteurs et structurer les opérations immobilières. Pour les investisseurs en location de courte durée, choisir le bon type de prêt peut faire la différence entre une approbation ou un refus, une croissance rapide ou un blocage, et une rentabilité maximale ou des opportunités manquées.

Les prêts hypothécaires traditionnels sont la forme de financement la plus connue. Ils sont généralement soutenus par des organismes comme Fannie Mae et Freddie Mac et sont conçus principalement pour les résidences principales et les investissements locatifs à long terme. Le processus de qualification repose fortement sur la situation financière personnelle de l'emprunteur. Les prêteurs analysent les revenus via les formulaires W-2, les déclarations fiscales et les fiches de paie, puis calculent un ratio dette/revenu (DTI) pour déterminer la capacité de remboursement. Le score de crédit, la stabilité de l'emploi et les réserves financières jouent également un rôle clé.

Bien que ces prêts offrent souvent les taux d'intérêt les plus bas, ils ne sont pas toujours adaptés aux investisseurs Airbnb. L'une des principales limites concerne la manière dont les revenus sont évalués. Pour les biens d'investissement, les prêteurs utilisent généralement des baux à long terme ou des estimations de loyers de marché, ce qui sous-évalue souvent les propriétés Airbnb pouvant générer des revenus beaucoup plus élevés. De plus, ces prêts limitent le nombre de biens financés, ce qui freine la croissance d'un portefeuille.

La documentation représente également un obstacle. Les emprunteurs doivent fournir des dossiers financiers complets, et toute incohérence peut retarder ou compromettre l'approbation. Pour les travailleurs indépendants, cela peut être particulièrement difficile, car les déductions fiscales réduisent souvent le revenu imposable, donnant une image moins favorable sur le papier malgré une bonne rentabilité réelle.

À l'inverse, les prêts DSCR offrent une approche totalement différente. Plutôt que de se concentrer sur les revenus personnels, ils évaluent les revenus générés par le bien lui-même. Le principal indicateur est le DSCR (Debt Service Coverage Ratio), qui mesure si les revenus du bien couvrent ses dépenses. Cela permet aux investisseurs de se qualifier sur la base de la performance de l'actif, sans dépendre de leur emploi ou de leurs déclarations fiscales.

Pour les propriétés Airbnb, cela change tout. Les prêteurs peuvent utiliser des données spécifiques aux locations de courte durée — comme le tarif journalier moyen, le taux d'occupation et les tendances saisonnières — pour estimer les revenus. Tant que ces revenus atteignent le seuil DSCR requis, l'emprunteur peut être approuvé, même sans documentation traditionnelle.

Les prêts DSCR offrent également un avantage majeur en termes de croissance. Chaque propriété étant évaluée indépendamment, les investisseurs ne sont pas limités par leur ratio dette/revenu personnel. Cela permet d'acquérir plusieurs biens en peu de temps, à condition que chaque investissement respecte les critères du prêteur.

Cependant, ces prêts présentent aussi des compromis. Les taux d'intérêt sont généralement plus élevés que ceux des prêts traditionnels, et l'apport initial est souvent plus important (environ 20 % à 25 %). Les prêteurs peuvent également exiger un meilleur score de crédit et des réserves financières plus élevées. Malgré cela, de nombreux investisseurs considèrent que la flexibilité et la capacité d'expansion compensent largement ces coûts supplémentaires.

Les prêts Non-QM constituent une catégorie plus large destinée aux emprunteurs ne correspondant pas aux critères traditionnels. Ils incluent des prêts basés sur les relevés bancaires, les actifs ou des solutions hybrides combinant plusieurs méthodes de qualification. Pour les investisseurs Airbnb, ils offrent une flexibilité supplémentaire, notamment dans les situations complexes.

Par exemple, les prêts sur relevés bancaires permettent de se qualifier en fonction des dépôts bancaires plutôt que des déclarations fiscales, ce qui est idéal pour les travailleurs indépendants ayant un flux de trésorerie solide. Les prêts basés sur les actifs utilisent quant à eux les comptes d'investissement ou les fonds de retraite pour démontrer la capacité de remboursement. Ces approches peuvent être combinées avec les projections de revenus Airbnb pour créer une stratégie de qualification complète.

L'un des principaux avantages des prêts Non-QM est leur adaptabilité. Les prêteurs disposent souvent d'une plus grande marge de manœuvre pour structurer des opérations en fonction des caractéristiques uniques de l'emprunteur et du bien. Cela peut inclure des options de paiement d'intérêts seuls, des exigences de documentation flexibles et des critères d'analyse personnalisés.

Lorsque vous comparez ces trois types de prêts, il est essentiel de prendre en compte vos objectifs. Si vous achetez une résidence principale ou un bien locatif à long terme avec des revenus stables, un prêt traditionnel peut offrir les meilleures conditions. En revanche, si votre objectif est de développer un portefeuille Airbnb, les prêts DSCR sont souvent les plus efficaces. Pour les situations complexes, les prêts Non-QM peuvent fournir la flexibilité nécessaire pour concrétiser des opérations autrement impossibles.

Il est également important de comprendre que ces options ne sont pas exclusives. De nombreux investisseurs performants utilisent une combinaison des trois. Par exemple, un prêt traditionnel pour une résidence principale, des prêts DSCR pour les propriétés Airbnb, et des prêts Non-QM pour refinancer ou accéder à des liquidités.

L'idée principale de ce chapitre est qu'il n'existe pas de solution unique en matière de financement Airbnb. Chaque type de prêt présente des avantages et des limites, et le meilleur choix dépend de votre situation spécifique. En comprenant ces options, vous pouvez exploiter pleinement les opportunités du marché tout en minimisant les risques et en maximisant votre flexibilité.

Comparaison des scénarios DSCR, traditionnels et Non-QM pour une propriété Airbnb

Prenons l'exemple d'une investisseuse nommée Maria qui envisage d'acheter une propriété Airbnb à 500 000 $. Elle compare trois options : un prêt traditionnel, un prêt DSCR et un prêt Non-QM basé sur les relevés bancaires.

Avec un apport de 20 % (100 000 $), le montant du prêt est de 400 000 $. Avec un prêt traditionnel à 6,5 %, son paiement mensuel (capital + intérêts) est d'environ 2 528 $, et son coût total mensuel est de 3 200 $. Cependant, avec un revenu mensuel de 8 000 $ et 2 000 $ de dettes existantes, son ratio dette/revenu atteint 65 %, ce qui dépasse les limites acceptées. Elle est donc refusée.

Avec un prêt DSCR à 7,75 %, son coût mensuel est de 3 500 $. En estimant un tarif journalier moyen de 250 $ et un taux d'occupation de 70 %, elle obtient 5 250 $ de revenus mensuels bruts. Après dépenses, son revenu net est de 3 937 $, ce qui donne un DSCR de 1,12 – légèrement insuffisant.

En optimisant la performance (275 $ par nuit et 75 % d'occupation), ses revenus augmentent à 6 187 $, avec un revenu net de 4 640 $. Son DSCR passe à 1,33, ce qui lui permet de se qualifier.

Enfin, avec un prêt Non-QM à 8,25 %, son coût mensuel est de 3 700 $. Le prêteur utilise ses relevés bancaires (10 000 $ de dépôts mensuels) et applique un facteur de dépenses de 50 %, ce qui donne un revenu qualifié de 5 000 $. Malgré un ratio dette/revenu élevé, elle peut être approuvée grâce à la flexibilité du programme et au potentiel du bien.

Cet exemple montre clairement les compromis :

- Le prêt traditionnel offre le meilleur taux mais échoue à cause du DTI
- Le prêt DSCR dépend de la performance du bien
- Le prêt Non-QM offre de la flexibilité mais à un coût plus élevé

En comprenant ces différences, Maria choisit la meilleure option pour ses objectifs et réussit à acquérir le bien. Cela illustre l'importance d'analyser plusieurs scénarios et de structurer intelligemment ses opérations pour maximiser l'approbation et la rentabilité.

Chapitre 3

Les Bases De La Qualification Des Revenus Des Locations De Courte Durée

L'un des changements les plus importants dans le financement immobilier moderne est le passage d'une qualification basée sur l'emprunteur à une qualification basée sur le bien, en particulier dans le domaine d'Airbnb et des locations de courte durée. Dans ce chapitre, vous apprendrez comment les prêteurs évaluent les revenus des locations de courte durée, comment ces revenus sont calculés, quelles sources de données sont utilisées et comment structurer votre dossier pour répondre aux exigences d'analyse. Maîtriser ce processus est essentiel, car votre capacité à vous qualifier — et à développer votre portefeuille — dépend largement de votre compréhension et de votre présentation des revenus.

Contrairement aux biens locatifs traditionnels, où les revenus reposent sur des contrats de location fixes, les locations de courte durée fonctionnent selon un modèle de revenus variable. Les revenus ne sont pas garantis d'un mois à l'autre et peuvent fluctuer en fonction de la demande, de la saisonnalité, de la stratégie de tarification, de la concurrence et de la qualité de gestion. En raison de cette variabilité, les prêteurs ne peuvent pas se fier uniquement aux loyers standards. Ils utilisent plutôt une combinaison de projections, de données historiques et d'analyses tierces pour estimer le potentiel de revenus.

Le premier concept clé est le revenu brut. Il s'agit du revenu total généré par la propriété avant déduction des dépenses. Pour les biens Airbnb, ce revenu est généralement calculé en multipliant le tarif journalier moyen (ADR) par le nombre de nuits réservées. Pour estimer cela, les prêteurs examinent le taux d'occupation, qui représente le pourcentage de jours où le bien est loué sur une période donnée. Ces deux variables – ADR et taux d'occupation – constituent la base des projections de revenus.

Cependant, le revenu brut ne suffit pas pour l'analyse. Les prêteurs se concentrent principalement sur le revenu net d'exploitation (NOI), qui tient compte des dépenses liées à l'exploitation du bien. Ces dépenses incluent le nettoyage, la gestion, les services publics, la maintenance, les frais de plateforme, l'assurance et les fournitures. Dans de nombreux cas, les prêteurs appliquent un ratio de dépenses standard, généralement entre 20 % et 30 % du revenu brut, afin d'estimer le NOI de manière prudente.

Un autre élément essentiel est la source des données utilisées pour soutenir les projections. Les prêteurs s'appuient souvent sur des plateformes d'analyse spécialisées dans les locations de courte durée, qui agrègent des données de biens similaires dans la même zone. Certains acceptent également des expertises incluant des projections de revenus Airbnb, appelées évaluations STR (short-term rental). Dans certains cas, si le bien dispose d'un historique, les revenus réels issus de plateformes comme Airbnb peuvent être utilisés.

La crédibilité de vos données est déterminante. Des projections irréalistes ou mal documentées peuvent être ajustées à la baisse ou rejetées. Il est donc essentiel d'utiliser des sources fiables et de présenter des estimations prudentes. Une présentation solide des revenus améliore non seulement vos chances d'approbation, mais peut aussi vous permettre d'obtenir de meilleures conditions de financement.

La saisonnalité est un autre facteur clé. De nombreux marchés Airbnb connaissent des variations importantes au cours de l'année, avec des périodes de forte demande générant des revenus élevés et des périodes creuses plus faibles. Les prêteurs utilisent généralement une moyenne annuelle pour lisser ces fluctuations. Comprendre ces cycles vous permet de créer des projections plus réalistes et d'éviter de surestimer vos revenus.

Le taux d'occupation est l'un des éléments les plus analysés. Bien qu'il soit tentant de prévoir un taux élevé, les prêteurs privilégient des estimations conservatrices, souvent entre 65 % et 75 % selon le marché. Une surestimation peut fragiliser votre dossier.

Le tarif journalier moyen (ADR) est tout aussi important. Il dépend de facteurs tels que l'emplacement, la taille du bien, les équipements, le design et la concurrence. Un bien premium peut justifier un tarif plus élevé, tandis qu'un bien standard devra être plus compétitif.

La gestion des dépenses ajoute un autre niveau de complexité. Bien que les prêteurs utilisent des ratios standards, vos coûts réels dépendront de votre stratégie. Une gestion autonome peut réduire les coûts mais demande du temps, tandis qu'une gestion professionnelle augmente les coûts mais améliore la stabilité et la scalabilité. Dans tous les cas, contrôler les dépenses est essentiel pour maximiser le revenu net et améliorer votre DSCR.

Les réserves jouent également un rôle important. En raison de la variabilité des revenus, les prêteurs exigent souvent plusieurs mois de paiements hypothécaires en réserve. Cela permet de couvrir les périodes de revenus plus faibles et renforce votre profil d'emprunteur.

Il est aussi important de distinguer revenu projeté et revenu stabilisé. Le revenu projeté repose sur des estimations de marché, tandis que le revenu stabilisé correspond à la performance réelle du bien dans le temps. Les débutants utilisent généralement des projections, tandis que les investisseurs expérimentés peuvent s'appuyer sur des données historiques.

Les prêteurs perçoivent également un certain risque dans les revenus Airbnb. Bien qu'ils puissent être plus élevés que les loyers traditionnels, ils sont aussi plus volatils. C'est pourquoi les prêteurs appliquent des hypothèses prudentes et exigent souvent des seuils DSCR plus élevés. En présentant des données solides, des réserves suffisantes et une stratégie claire, vous pouvez réduire ce risque perçu.

En résumé, la qualification des revenus des locations de courte durée est à la fois une science et un art. Elle nécessite une analyse des données, une compréhension du marché et une présentation stratégique. Plus vous maîtrisez ces éléments, plus vous pouvez structurer vos opérations efficacement et identifier des investissements réellement rentables.

Calcul des revenus Airbnb, des dépenses et du DSCR pour la qualification

Prenons l'exemple d'un investisseur nommé Alex qui analyse une propriété Airbnb à 450 000 $ dans une zone touristique à forte demande.

Alex prévoit un apport de 25 % (112 500 $), ce qui donne un prêt de 337 500 $. Avec un taux de 7,75 % sur 30 ans, son paiement mensuel est d'environ 2 418 $, et ses dépenses totales mensuelles atteignent 3 000 $.

Pour estimer les revenus, il analyse des biens comparables :

- ADR : 230 $
- Taux d'occupation : 68 %

Le revenu brut mensuel potentiel est de 6 900 $, ajusté à 4 692 $ avec l'occupation.

Il estime ensuite les dépenses à 25 %, soit 1 173 $, ce qui donne un revenu net de 3 519 $.

Le DSCR est alors :

3 519 ÷ 3 000 = 1,17

Ce résultat est inférieur au seuil requis de 1,20, donc le bien ne se qualifie pas initialement.

Alex améliore ensuite la performance :

- ADR : 250 $
- Occupation : 72 %

Le revenu brut passe à 5 400 $, et le revenu net à 4 050 $.

Le nouveau DSCR devient :
4 050 ÷ 3 000 = 1,35

Le bien est désormais admissible.

En réduisant encore les dépenses à 22 %, Alex améliore davantage son DSCR, créant une marge de sécurité supplémentaire.

Cet exemple montre l'importance de projections précises, de la gestion des dépenses et de l'optimisation stratégique. Il démontre également que les investisseurs peuvent influencer directement leur qualification en améliorant la performance du bien.

Maîtriser la qualification des revenus Airbnb ne consiste pas seulement à obtenir un prêt — c'est la base pour construire un portefeuille durable et évolutif.

Chapitre 4

Qui Peut Se Qualifier Pour Les Prêts Hypothécaires Airbnb (Investisseurs, Débutants Et Travailleurs Indépendants)

L'un des aspects les plus puissants du financement hypothécaire Airbnb est son accessibilité. Contrairement aux modèles de prêt traditionnels, qui favorisent souvent les salariés avec des revenus stables et un historique professionnel solide, les prêts Airbnb ouvrent la porte à un éventail beaucoup plus large d'emprunteurs. Cela inclut les investisseurs immobiliers, les primo-accédants, les entrepreneurs et les travailleurs indépendants. Dans ce chapitre, vous découvrirez qui peut se qualifier, comment les prêteurs évaluent différents profils et comment vous positionner — quel que soit votre parcours — pour obtenir un financement.

Le système hypothécaire traditionnel est basé sur la stabilité. Les prêteurs privilégient historiquement les emprunteurs avec des revenus W-2, des salaires réguliers et des ratios dette/revenu faibles. Bien que ce modèle fonctionne pour les acheteurs classiques, il exclut une grande partie des investisseurs modernes qui génèrent des revenus de manière non traditionnelle. Les entrepreneurs, freelances, propriétaires d'entreprises et créateurs digitaux peuvent avoir un excellent flux de trésorerie, mais un revenu imposable réduit en raison des déductions fiscales, ce qui complique leur qualification.

Les prêts Airbnb, en particulier les prêts DSCR et Non-QM, comblent cet écart en se concentrant davantage sur la performance du bien que sur les revenus personnels. Cela permet à un plus grand nombre de profils d'être éligibles. L'essentiel est de comprendre comment les prêteurs évaluent chaque type d'emprunteur et quels critères doivent être respectés.

Commençons par les investisseurs immobiliers. Ils constituent le principal public cible des prêts Airbnb. Leur objectif est d'acquérir des biens générateurs de revenus et de construire un portefeuille dans le temps. Les prêteurs les évaluent différemment des acheteurs de résidence principale. Au lieu de se concentrer uniquement sur les revenus personnels, ils analysent l'expérience, le profil de crédit et la capacité à gérer ou superviser le bien. Les investisseurs expérimentés bénéficiant d'un historique solide peuvent obtenir des conditions plus avantageuses et une plus grande flexibilité.

Cependant, l'expérience n'est pas toujours nécessaire. Les débutants peuvent également se qualifier, notamment via les prêts DSCR. C'est l'un des plus grands avantages de ce type de financement. Un investisseur débutant n'a pas besoin d'un portefeuille important ou de plusieurs années d'expérience. Tant que le bien génère suffisamment de revenus et que l'emprunteur dispose d'un score de crédit raisonnable et d'un apport suffisant, une approbation est possible.

Pour les débutants, le principal défi consiste à démontrer que le bien est un bon investissement. Sans historique, les prêteurs s'appuient fortement sur les projections de revenus et les données de marché. Il est donc essentiel de bien analyser les biens, d'utiliser des données fiables et de présenter une stratégie claire. Une opération bien structurée peut compenser le manque d'expérience.

Les travailleurs indépendants constituent un autre groupe majeur bénéficiant de ces prêts. L'analyse traditionnelle les pénalise souvent, car leur revenu imposable est réduit par les déductions. Même avec une activité rentable, ils peuvent apparaître comme non qualifiés sur le papier.

Les prêts DSCR et Non-QM offrent des solutions adaptées. En se basant sur les revenus du bien ou sur des documents alternatifs comme les relevés bancaires, les prêteurs peuvent évaluer la capacité financière réelle. Cela permet aux entrepreneurs d'investir dans l'immobilier sans être limités par les exigences traditionnelles.

Le score de crédit reste un élément important pour tous les profils. Bien que les prêts Airbnb soient plus flexibles, les prêteurs utilisent toujours le score de crédit pour évaluer le risque. Un score élevé permet d'obtenir de meilleurs taux, des conditions plus favorables et parfois un apport plus faible. La plupart des prêteurs DSCR exigent un score minimum entre 620 et 680, avec de meilleures conditions pour les profils plus solides.

L'apport initial et les réserves sont également essentiels. Les propriétés Airbnb étant considérées comme des biens d'investissement, les prêteurs exigent généralement un apport de 20 % à 25 %. De plus, les emprunteurs doivent disposer de réserves financières équivalentes à plusieurs mois de paiements hypothécaires. Ces réserves offrent une sécurité en cas de baisse de revenus ou de dépenses imprévues.

Un autre facteur déterminant est la stratégie de l'emprunteur. Les prêteurs veulent voir un plan clair de gestion du bien : gestion autonome ou professionnelle, stratégie de tarification, optimisation du taux d'occupation. Une stratégie bien définie améliore les chances d'approbation et augmente les probabilités de succès à long terme.

Les prêteurs évaluent également le risque selon le profil. Les investisseurs expérimentés avec un bon crédit et des réserves solides sont généralement considérés comme moins risqués. Les débutants peuvent être perçus comme plus risqués, mais cela peut être compensé par la performance du bien et la solidité financière. Les travailleurs indépendants peuvent être soumis à une analyse plus approfondie, mais les documents alternatifs permettent de lever ces obstacles.

L'un des plus grands avantages des prêts Airbnb est la capacité de croissance. Dans le financement traditionnel, le ratio dette/revenu limite rapidement l'acquisition de nouveaux biens. Avec les prêts DSCR, chaque propriété est évaluée individuellement, ce qui permet d'acquérir plusieurs biens tant que chacun répond aux critères. Cela crée un véritable levier pour développer rapidement un portefeuille.

La structure juridique joue également un rôle. De nombreux investisseurs achètent via une LLC ou une autre entité pour bénéficier de protections juridiques et d'avantages fiscaux. Certains prêteurs acceptent ces structures, tandis que d'autres exigent une qualification personnelle. Comprendre ces exigences permet d'optimiser la structuration des investissements.

La localisation et le type de bien influencent également la qualification. Certains marchés avec des réglementations strictes peuvent être plus difficiles à financer. De même, les biens uniques comme les cabanes, les propriétés en bord de mer ou les logements de luxe peuvent nécessiter une analyse spécifique. Choisir des biens conformes aux critères des prêteurs facilite le processus.

En fin de compte, la question de savoir qui peut se qualifier dépend de l'alignement entre l'emprunteur, le bien et les critères du prêteur. Que vous soyez investisseur expérimenté, débutant ou entrepreneur, l'essentiel est de comprendre votre positionnement et d'adapter votre stratégie.

L'idée clé de ce chapitre est que le financement Airbnb est plus inclusif que le financement traditionnel, mais qu'il nécessite toujours préparation et stratégie. En renforçant votre profil et en choisissant les bons biens, vous pouvez vous positionner pour réussir.

Comparaison des scénarios de qualification : investisseur, débutant et travailleur indépendant

Prenons trois profils : un investisseur expérimenté, un débutant et un entrepreneur indépendant, tous souhaitant acheter une propriété Airbnb à 480 000 $.

Avec un apport de 25 % (120 000 $), le prêt est de 360 000 $. À un taux de 7,75 %, le paiement mensuel est d'environ 2 578 $, pour un coût total de 3 200 $.

Le bien génère :

- ADR : 240 $
- Occupation : 70 %
- Revenus mensuels : 5 040 $
- Revenu net : 3 780 $

DSCR = 3 780 ÷ 3 200 = 1,18 (inférieur au minimum de 1,20)

• **Investisseur expérimenté** :
Score de crédit 740, fortes réserves et expérience solide. Le prêteur ajuste légèrement les projections (72 % d'occupation), ce qui donne un DSCR de 1,21 → approbation.

• **Débutant** :
Score de crédit 700, réserves limitées. Le prêt est initialement refusé. En augmentant l'apport à 30 %, les dépenses mensuelles baissent à 3 000 $, et le DSCR passe à 1,26 → approbation.

• **Travailleur indépendant** :
Score de crédit 720, bon flux de trésorerie mais faible revenu imposable. Utilise un prêt DSCR avec vérification des relevés bancaires → approbation grâce à la flexibilité du programme.

Cet exemple montre que chaque profil peut réussir en adaptant sa stratégie :

- L'investisseur utilise son expérience
- Le débutant ajuste son apport
- L'entrepreneur utilise des documents alternatifs

Comprendre ces différences vous permet de structurer vos opérations intelligemment et de maximiser vos chances de succès dans l'investissement Airbnb.

Chapitre 5

Structurer Votre Premier Projet Airbnb Pour L'approbation Et La Rentabilité

Obtenir un prêt hypothécaire Airbnb ne consiste pas seulement à trouver un prêteur — il s'agit de structurer une opération qui s'aligne parfaitement avec les critères d'analyse tout en maximisant la rentabilité. De nombreux investisseurs se concentrent uniquement sur la recherche du "bien parfait", mais négligent l'importance de la structure de l'opération. En réalité, la manière dont vous structurez votre projet — prix d'achat, apport, type de prêt, projections de revenus et gestion des dépenses — détermine souvent si vous serez approuvé et si votre investissement sera performant.

La première étape consiste à comprendre que les prêteurs et les investisseurs analysent les mêmes chiffres de manière différente. En tant qu'investisseur, votre objectif est de maximiser les flux de trésorerie et la valorisation à long terme. En tant que prêteur, l'objectif est de minimiser le risque et de s'assurer que le bien peut supporter la dette. Le succès réside dans l'alignement de ces deux perspectives.

Tout commence par le prix d'achat. Le prix que vous payez influence directement le montant du prêt, les mensualités et la rentabilité globale. Payer trop cher — même légèrement — peut réduire votre DSCR et compliquer l'approbation. À l'inverse, négocier un meilleur prix ou trouver un bien sous-évalué peut considérablement améliorer votre opération. Les investisseurs expérimentés savent que le profit se fait à l'achat.

L'apport initial est le deuxième élément clé. La plupart des prêts Airbnb exigent 20 % à 25 %, mais augmenter cet apport peut améliorer significativement votre structure. Un apport plus élevé réduit le montant du prêt, diminue les mensualités et améliore le DSCR. Cela nécessite plus de capital, mais peut faire la différence entre une opération refusée et une opération approuvée.

Le choix du prêt est également crucial. Entre prêt DSCR, Non-QM ou structure hybride, le choix dépend de votre profil et de vos objectifs. Les prêts DSCR offrent généralement le meilleur équilibre entre flexibilité et capacité de croissance. Cependant, il est essentiel de comprendre les conditions : taux d'intérêt, durée, pénalités de remboursement anticipé et exigences de réserves.

Les projections de revenus sont souvent le point décisif. Les prêteurs utilisent des estimations basées sur le tarif journalier moyen et le taux d'occupation. Des projections réalistes et bien documentées sont beaucoup plus efficaces que des estimations optimistes. Utiliser des données fiables renforce votre crédibilité et améliore vos chances d'approbation.

Mais vous devez aussi penser à l'optimisation :

- Comment augmenter votre tarif par nuit ?
- Comment améliorer votre taux d'occupation ?
- Quels équipements ou améliorations peuvent différencier votre bien ?

Ces questions ont un impact direct sur vos résultats financiers. De petites améliorations peuvent augmenter fortement votre revenu net et votre rentabilité.

La gestion des dépenses est tout aussi importante. Les coûts liés à Airbnb — nettoyage, services publics, maintenance, frais de plateforme — peuvent rapidement s'accumuler. En contrôlant ces dépenses, vous améliorez votre revenu net et votre DSCR, ce qui facilite l'approbation et augmente la rentabilité.

Les réserves financières jouent également un rôle stratégique. Les prêteurs exigent généralement plusieurs mois de paiements en réserve, mais disposer de réserves supplémentaires offre un avantage :

- absorber les périodes creuses
- financer des améliorations
- saisir de nouvelles opportunités

Cela renforce aussi votre profil auprès des prêteurs.

Un élément souvent négligé est la stratégie de sortie. Vous devez penser dès le départ à vos options futures : refinancement, vente ou extraction de capital. Une bonne structure initiale vous offre flexibilité et adaptabilité face aux conditions du marché.

Le choix du marché est également déterminant. Tous les marchés ne sont pas adaptés à Airbnb. La demande touristique, la réglementation, la concurrence et la saisonnalité influencent directement les revenus. Un bon marché améliore vos projections, votre DSCR et vos chances d'approbation.

Le type de bien compte aussi : maison individuelle, condo, multi-unités ou propriétés uniques (cabines, luxe). Chaque type présente des profils de revenus et de risque différents, et certains peuvent être plus facilement financés que d'autres.

Structurer votre première opération nécessite également un changement de mentalité. Au lieu de demander :
"Puis-je me permettre ce bien ?"
vous devez demander :
"Ce bien se qualifie-t-il et performe-t-il ?"

Cela vous positionne comme un investisseur stratégique plutôt que comme un simple acheteur.

Une autre stratégie clé consiste à équilibrer votre dossier. Si vous manquez d'expérience, vous pouvez compenser avec un apport plus élevé, de meilleures réserves ou un bien plus performant. Cette approche globale permet de surmonter les faiblesses et de présenter un dossier solide.

Enfin, travailler avec des prêteurs et courtiers spécialisés est essentiel. Ils comprennent les spécificités du financement Airbnb et peuvent vous aider à structurer vos opérations efficacement.

En résumé, structurer votre première opération consiste à créer un alignement parfait :

- entre le bien et le marché
- entre les revenus et les dépenses
- entre vos objectifs et les critères du prêteur

Lorsque cet alignement est atteint, vous obtenez une opération rentable et facilement approuvée.

Exemple : structurer une opération Airbnb pour l'approbation et la rentabilité maximale

Prenons un investisseur nommé Jason qui analyse un bien à 420 000 $.

- Apport initial : 20 % → 84 000 $
- Prêt : 336 000 $
- Paiement mensuel total : 3 000 $

Revenus estimés :

- ADR : 230 $
- Occupation : 68 %
- Revenu brut : 4 692 $
- Revenu net : 3 519 $

DSCR = 1,17 → refus

Jason restructure :

1. Négociation du prix à 400 000 $
   → paiement réduit à 2 850 $

2. Augmentation de l'apport à 25 %
   → prêt de 300 000 $
   → paiement réduit à 2 650 $
3. Optimisation du bien

- ADR : 250 $
- Occupation : 72 %
- Revenu brut : 5 400 $
- Revenu net : 4 050 $

DSCR = 1,53 → approbation

Résultats :

- Cash flow mensuel : 1 400 $
- Cash flow annuel : 16 800 $

Investissement total :

- Apport : 100 000 $
- Rénovations + réserves : 20 000 $
  → total : 120 000 $

Rendement cash-on-cash : 14 %

Cet exemple montre comment une bonne structuration peut transformer une opération moyenne en investissement très rentable.

L'essentiel à retenir : chaque variable compte. De petits ajustements peuvent avoir un impact majeur. En maîtrisant cette approche, vous pouvez reproduire ce processus, obtenir des financements et construire un portefeuille Airbnb rentable et évolutif.

Chapitre 6

Risque, Réglementation Et Durabilité À Long Terme Dans Le Financement Airbnb

À mesure que vous progressez dans l'investissement et le financement Airbnb, il devient essentiel de ne pas seulement comprendre comment obtenir un prêt, mais aussi comment protéger et maintenir votre investissement sur le long terme. De nombreux investisseurs débutants se concentrent uniquement sur le potentiel de revenus et l'approbation du prêt, en négligeant les risques qui peuvent affecter la réussite à long terme. Dans ce chapitre, vous apprendrez comment les prêteurs et les investisseurs évaluent le risque, comment les réglementations influencent votre activité et comment construire un modèle Airbnb durable capable de résister aux évolutions du marché.

Le risque dans l'investissement Airbnb est fondamentalement différent de celui de l'immobilier traditionnel. Dans les locations à long terme, le risque est principalement lié à la stabilité des locataires et aux contrats de location. Une fois le locataire en place, les revenus sont relativement prévisibles.

En revanche, les propriétés Airbnb évoluent dans un environnement dynamique où les revenus dépendent de nombreux facteurs : fluctuations du taux d'occupation, saisonnalité, concurrence, stratégie de prix et expérience client. Cette variabilité crée à la fois des opportunités et de l'incertitude.

Du point de vue du prêteur, la question principale est simple : le bien peut-il générer suffisamment de revenus pour couvrir sa dette ? C'est pourquoi les exigences de DSCR sont généralement supérieures à 1,0, souvent autour de 1,20 ou plus. Cette marge de sécurité permet d'absorber les fluctuations de revenus. En tant qu'investisseur, votre objectif doit être de dépasser ce seuil avec une marge confortable afin de sécuriser votre investissement.

L'un des risques majeurs est la volatilité des revenus. Même dans les marchés solides, les taux d'occupation et les prix varient au cours de l'année. Les périodes de forte demande peuvent générer des revenus élevés, tandis que les périodes creuses peuvent réduire significativement les réservations. Comprendre ces cycles est essentiel pour établir des projections réalistes.

La concurrence est un autre facteur clé. Avec l'augmentation du nombre d'investisseurs Airbnb, la pression sur les prix et l'occupation s'intensifie. Les biens qui se démarquent par leur design, leurs équipements et l'expérience offerte sont plus susceptibles de maintenir des performances élevées. L'amélioration continue est donc essentielle.

Le risque opérationnel doit également être pris en compte. Gérer un Airbnb exige rigueur, réactivité et cohérence. Une mauvaise gestion peut entraîner des avis négatifs, une baisse des réservations et des revenus. Que vous gériez vous-même ou fassiez appel à un professionnel, un système fiable est indispensable.

Les réglementations représentent l'un des facteurs les plus critiques — et souvent négligés. De nombreuses villes imposent des règles strictes :

- licences obligatoires
- restrictions de zonage
- limites d'occupation
- interdictions dans certaines zones

Le non-respect de ces règles peut entraîner des amendes ou l'impossibilité d'exploiter le bien. Il est donc essentiel de vérifier les réglementations locales avant tout achat. Les prêteurs sont de plus en plus attentifs à ce risque et peuvent exiger des preuves de conformité.

Les conditions économiques influencent également la performance. En période de ralentissement économique, la demande touristique peut diminuer, affectant les revenus. Diversifier vos investissements entre différents marchés peut réduire ce risque.

Le risque lié aux taux d'intérêt est également important. Les prêts Airbnb ont souvent des taux plus élevés, et certains peuvent être variables. Une hausse des taux peut augmenter vos paiements et réduire votre rentabilité.

L'assurance et la responsabilité doivent aussi être prises en compte. Les propriétés Airbnb nécessitent souvent une assurance spécifique. Une assurance classique peut ne pas couvrir les risques liés à la location de courte durée.

Les réserves financières sont essentielles. Disposer de plusieurs mois de paiements en réserve permet de faire face à :

- une baisse des revenus
- des dépenses imprévues
- des perturbations du marché

Les investisseurs expérimentés maintiennent souvent des réserves supérieures aux exigences minimales.

La durabilité ne consiste pas seulement à gérer les risques, mais à construire un système évolutif. Cela implique :

- surveiller le marché
- ajuster les prix
- améliorer le bien
- optimiser les opérations

Les investisseurs qui traitent leurs biens comme de véritables entreprises obtiennent de meilleurs résultats à long terme.

La capacité de croissance (scalabilité) est également liée à la gestion du risque. Plus vous possédez de biens, plus la complexité augmente. Mettre en place des systèmes, utiliser la technologie et s'entourer d'une équipe solide devient essentiel.

Enfin, la stratégie de sortie est un élément clé. Vous devez anticiper :

- refinancement
- vente
- conversion en location longue durée

Cela vous donne de la flexibilité face aux changements du marché.

En résumé, le succès dans l'investissement Airbnb repose sur un équilibre entre opportunité et gestion du risque. Le potentiel de revenus est élevé, mais il doit être soutenu par une stratégie solide et disciplinée.

Test de résistance d'un investissement Airbnb

Prenons l'exemple de Sophia qui achète un bien à 500 000 $.

• Apport : 25 % → 125 000 $
• Prêt : 375 000 $
• Paiement mensuel total : 3 400 $

Performances initiales :

- ADR : 260 $
- Occupation : 72 %
- Revenu brut : 5 616 $
- Revenu net : 4 212 $

DSCR = 1,24 → acceptable

Sophia effectue un test de résistance :

1. Baisse d'occupation à 60 %
   → DSCR = 1,03 (marge faible)
2. Baisse du tarif à 230 $
   → DSCR = 1,10 (sous le seuil idéal)

3. Baisse combinée
   → DSCR = 0,91 (perte)

Pour réduire le risque, elle :

- crée une réserve de 6 mois (~20 400 $)
- améliore le bien (design, équipements, marketing)
- diversifie avec location moyenne durée
- respecte toutes les réglementations

Cet exemple montre que le succès ne repose pas seulement sur le revenu, mais sur la résilience et la préparation.

Conclusion : le risque ne doit pas être évité, mais maîtrisé. Avec les bonnes stratégies, vous pouvez construire un portefeuille Airbnb solide, durable et rentable sur le long terme.

Chapitre 7

Construire Un Portefeuille Airbnb Évolutif Grâce À Des Stratégies De Financement Intelligentes

Une fois que vous comprenez comment vous qualifier pour des prêts hypothécaires Airbnb et structurer une opération rentable, l'étape suivante consiste à passer à l'échelle. C'est là que la véritable richesse se construit — non pas en possédant un seul bien, mais en contrôlant plusieurs actifs générateurs de revenus qui fonctionnent ensemble comme un système. Dans ce chapitre, vous apprendrez comment passer d'un seul investissement Airbnb à un portefeuille évolutif grâce à des stratégies de financement intelligentes, à l'effet de levier et à une exécution disciplinée.

La croissance commence par un changement de mentalité. Votre premier bien n'est pas l'objectif final — c'est la fondation. Beaucoup d'investisseurs s'arrêtent après une première acquisition, soit par peur du risque, soit parce qu'ils se concentrent uniquement sur le flux de trésorerie immédiat. Les investisseurs performants, eux, considèrent chaque bien comme une étape vers un système reproductible.

L'un des outils les plus puissants pour se développer est l'effet de levier. En immobilier, il permet de contrôler des actifs importants avec relativement peu de capital. En utilisant le financement de manière stratégique, vous pouvez acquérir plusieurs biens sans payer comptant. Les prêts Airbnb, notamment les prêts DSCR, facilitent cette approche car chaque bien est évalué individuellement en fonction de ses revenus.

La clé est de s'assurer que chaque propriété respecte les critères du prêteur :

- DSCR solide
- dépenses maîtrisées
- revenus optimisés

Lorsque chaque bien performe bien, il devient plus facile d'obtenir de nouveaux financements. Cela crée un effet cumulatif où chaque opération permet la suivante.

Une autre stratégie essentielle est le recyclage du capital. Au lieu de laisser votre capital immobilisé, vous pouvez refinancer ou utiliser des stratégies de cash-out pour récupérer des liquidités et les réinvestir dans de nouveaux biens. Cela permet de croître sans injecter constamment du nouveau capital.

La stratégie BRRRR (Acheter, Rénover, Louer, Refinancer, Répéter) peut également être adaptée à Airbnb. Vous achetez sous le marché, améliorez le bien, stabilisez ses revenus, puis refinancez pour récupérer votre capital et financer la prochaine acquisition.

La diversification est également essentielle. Investir dans plusieurs marchés et types de biens réduit le risque. Par exemple :

- une propriété en bord de mer performe en été
- une propriété urbaine génère des revenus toute l'année

Cette diversification apporte stabilité et équilibre à votre portefeuille.

À mesure que votre portefeuille grandit, l'efficacité devient critique. Gérer plusieurs biens nécessite des systèmes :

- gestion des réservations
- optimisation des prix
- coordination du nettoyage
- maintenance

Beaucoup d'investisseurs utilisent la technologie ou externalisent la gestion pour gagner en efficacité.

Votre stratégie de financement évoluera également. Vous pouvez :

- combiner différents types de prêts
- utiliser vos actifs existants comme levier
- négocier de meilleures conditions avec les prêteurs

Maintenir une discipline financière est fondamental. Une croissance trop rapide peut être risquée. Chaque bien doit être analysé pour garantir qu'il contribue positivement au portefeuille.

La gestion du crédit est aussi essentielle. Un bon profil de crédit permet d'accéder à de meilleures conditions de financement.

La fiscalité est un autre levier important. Posséder plusieurs biens Airbnb peut offrir des avantages fiscaux (amortissement, déductions, structuration en société). Travailler avec un expert fiscal peut améliorer vos rendements.

Le timing du marché est également clé. Tous les biens ne sont pas adaptés à la croissance. Les investisseurs performants sont patients et sélectionnent uniquement les meilleures opportunités.

À mesure que votre portefeuille grandit, un effet boule de neige se crée :

- augmentation des revenus
- accumulation de capital
- accès facilité au financement

Cette dynamique accélère votre croissance.

Cependant, la croissance comporte des défis : gestion, réglementation, performance. Les investisseurs qui réussissent traitent leur portefeuille comme une entreprise et améliorent constamment leurs processus.

Votre vision à long terme est essentielle. Votre portefeuille doit être structuré pour atteindre vos objectifs :

- indépendance financière
- revenus passifs
- création de richesse générationnelle

Une stratégie avancée consiste à combiner différents types de financement :

- prêts DSCR pour l'acquisition
- prêts Non-QM pour le refinancement
- prêts traditionnels pour certains biens

À ce stade, votre focus doit évoluer : ne plus analyser chaque bien individuellement, mais la performance globale du portefeuille (cash flow total, DSCR moyen, taux d'occupation, rendement).

En résumé, construire un portefeuille Airbnb évolutif consiste à créer un système performant basé sur :

- financement intelligent
- discipline
- gestion efficace

Exemple : passer d'un bien à un portefeuille de cinq propriétés

Prenons Ryan, un investisseur qui passe de 1 à 5 biens Airbnb.

• Premier bien :

- Prix : 400 000 $
- Apport : 100 000 $
- Prêt : 300 000 $
- Paiement mensuel : 2 800 $
- Revenu net : 4 200 $
- Cash flow : 1 400 $
- DSCR : 1,50

Après un an :

- valeur : 440 000 $
- refinancement à 75 % → 330 000 $
- extraction de 30 000 $

Ryan combine ces 30 000 $ avec 70 000 $ d'épargne pour acheter un deuxième bien.

• Deuxième bien :

- Cash flow : 1 300 $

Total : 2 700 $ / mois

Il répète le processus pour un troisième bien :
→ cash flow total : ~4 000 $ / mois

Avec les quatrième et cinquième biens, ses stratégies s'améliorent, et chaque propriété génère environ 1 300 $:

• Portefeuille final :

- 5 biens
- Cash flow : 6 500 $ / mois (78 000 $ / an)
- Capital investi : ~400 000 $
- Valeur du portefeuille : +2 000 000 $

Cet exemple montre la puissance de l'effet de levier et du refinancement.

Conclusion : la croissance ne repose pas sur la vitesse, mais sur la stratégie et la discipline. Votre premier bien est le point de départ d'un système capable de générer une liberté financière à long terme.

Chapitre 8

Refinancement, Stratégies De Retrait De Liquidités Et Recyclage Du Capital Pour Les Investisseurs Airbnb

Une fois que vous avez acquis et stabilisé votre propriété Airbnb, la prochaine étape de croissance ne consiste pas seulement à conserver l'actif, mais à exploiter pleinement son potentiel financier. L'un des plus grands avantages de l'investissement immobilier est la possibilité d'accéder à la valeur nette (équité) sans vendre le bien. C'est ici que le refinancement, les stratégies de retrait de liquidités et le recyclage du capital entrent en jeu.

Le refinancement consiste à remplacer votre prêt existant par un nouveau, généralement avec des conditions différentes. Pour les investisseurs Airbnb, il peut servir à réduire le taux d'intérêt, améliorer le flux de trésorerie, prolonger la durée du prêt ou — surtout — extraire de l'équité. Savoir quand et comment refinancer est une compétence clé pour passer d'un investisseur passif à un bâtisseur de portefeuille stratégique.

Le type de refinancement le plus courant est le **cash-out refinance** (refinancement avec retrait de liquidités). Dans ce cas, vous refinancez votre bien à un montant supérieur à votre solde actuel et récupérez la différence en espèces. Ce capital peut ensuite être utilisé pour :

- un nouvel apport
- des rénovations
- des réserves
- l'acquisition de nouveaux biens

Cependant, les prêteurs limitent l'accès à cette équité. La plupart plafonnent le ratio prêt/valeur (LTV) entre 70 % et 75 % pour les biens d'investissement. Vous devez donc disposer d'une équité suffisante, créée par l'appréciation du marché, les rénovations ou les deux.

Le timing est également essentiel. De nombreux prêteurs exigent une période de détention (6 à 12 mois) avant d'autoriser un refinancement avec retrait. Pendant cette période, vous devez optimiser la performance du bien pour renforcer votre dossier.

La performance des revenus joue un rôle clé. Comme pour l'achat initial, les prêteurs analysent le DSCR. Si vos revenus ont augmenté grâce à une meilleure gestion ou à des améliorations, vous pouvez obtenir un prêt plus élevé.

Le **recyclage du capital** est une stratégie puissante. Il

consiste à extraire de l'équité d'un bien et à la réinvestir dans un autre. Au lieu d'épargner pour chaque apport, vous utilisez la valeur de votre portefeuille existant pour financer de nouvelles acquisitions. Cela crée un cycle de croissance continue.

Par exemple :

- acheter un bien
- améliorer sa performance
- refinancer
- réinvestir l'équité

Répéter ce processus permet d'accélérer fortement la croissance.

Cependant, le refinancement impacte le cash flow. Un prêt plus élevé augmente les mensualités. Il est donc essentiel de s'assurer que les revenus couvrent les nouvelles charges avec une marge de sécurité.

Les taux d'intérêt jouent également un rôle. Refinancer à un taux plus élevé peut réduire le cash flow à court terme, mais permettre d'acquérir plus de biens et d'augmenter les revenus globaux.

Une autre stratégie est le refinancement **rate-and-term**, qui vise à améliorer les conditions du prêt sans retirer de liquidités. Cela peut être utile pour sécuriser un taux fixe ou réduire les paiements.

Les financements à court terme, comme les prêts relais (bridge loans), peuvent également être utilisés pour acheter rapidement, améliorer un bien, puis refinancer en prêt DSCR.

À mesure que votre portefeuille grandit, vous pouvez envisager un refinancement global (portfolio refinance), regroupant plusieurs biens en un seul prêt pour simplifier la gestion et améliorer les conditions.

Sur le plan fiscal, les liquidités issues d'un refinancement ne sont généralement pas considérées comme un revenu imposable, car il s'agit d'un emprunt. Cela permet d'accéder à du capital sans imposition immédiate (consultez toujours un expert fiscal).

La gestion du risque est essentielle. Un effet de levier excessif peut devenir dangereux en cas de baisse du marché ou des revenus. Maintenir un DSCR solide, des réserves et une approche prudente est indispensable.

Le choix des biens joue également un rôle clé. Les propriétés situées dans des marchés solides, avec une forte demande et un potentiel d'appréciation, sont les plus adaptées au refinancement et à l'extraction d'équité.

Votre stratégie à long terme doit guider vos décisions :

- croissance rapide ou stabilité
- cash flow ou appréciation
- combinaison des deux

Le refinancement est avant tout un outil stratégique permettant d'optimiser l'utilisation de votre capital.

Exemple : utiliser le refinancement pour développer un portefeuille Airbnb

Prenons Daniel :

• Premier bien :

- Prix : 400 000 $
- Apport : 100 000 $
- Prêt : 300 000 $
- Paiement : 2 800 $
- Revenu net : 4 200 $
- Cash flow : 1 400 $
- DSCR : 1,50

Après 1 an :

- Valeur : 460 000 $

Refinancement à 75 % :

- Nouveau prêt : 345 000 $
- Remboursement ancien prêt : 295 000 $
- Cash récupéré : 50 000 $

Nouveau paiement : 3 000 $
Revenu net amélioré : 4 500 $
→ DSCR maintenu à 1,50

Daniel utilise les 50 000 $ pour acheter un deuxième bien à 200 000 $ → +1 000 $/mois

Total : 2 400 $/mois

Il répète le processus :

- refinancement du 2e bien → 30 000 $
- achat d'un 3e bien

• Après 3 biens :
→ ~3 800 $/mois

• Après 5 ans :

- 5 propriétés
- valeur : 2,2 M$

- cash flow : +7 000 $/mois

Cet exemple montre comment transformer un seul investissement en portefeuille complet grâce au refinancement et au recyclage du capital.

Conclusion : le refinancement n'est pas seulement une opération financière — c'est un moteur de croissance. Utilisé intelligemment, il vous permet d'accélérer votre progression et de construire un portefeuille Airbnb rentable et évolutif.

Chapitre 9

Financer Des Propriétés Airbnb Multi-Unités (2 À 4 Unités Et Petits Immeubles Collectifs)

À mesure que vous progressez dans votre parcours d'investissement Airbnb, l'un des moyens les plus puissants d'accélérer votre croissance est de passer aux propriétés multi-unités. Les duplex, triplex, fourplex et petits immeubles collectifs offrent une opportunité unique de générer plusieurs flux de revenus à partir d'un seul actif. Dans le cadre du financement Airbnb, ces biens présentent à la fois des avantages et des complexités qui nécessitent une compréhension plus approfondie de l'analyse de crédit, de la modélisation des revenus et de la structuration des opérations.

Les propriétés Airbnb multi-unités diffèrent des maisons individuelles sur un point clé : elles permettent de diversifier les revenus au sein d'un même bien. Au lieu de dépendre d'une seule unité, plusieurs unités contribuent au revenu total. Cela améliore la stabilité et réduit le risque. Si une unité a une faible occupation, les autres peuvent compenser. Du point de vue du prêteur, cette diversification peut renforcer le profil du prêt — à condition que les chiffres soient bien structurés.

Cependant, le financement de ces biens est plus complexe. Les prêteurs doivent évaluer :

- l'utilisation de chaque unité
- la conformité au zonage
- la méthode de calcul des revenus

Certains prêteurs considèrent les biens de 2 à 4 unités comme résidentiels, tandis que d'autres les traitent comme des actifs commerciaux, surtout si toutes les unités sont utilisées en location courte durée.

Un élément fondamental est le calcul des revenus. Contrairement à une maison individuelle, les prêteurs analysent le revenu combiné de toutes les unités. Cela inclut :

- le tarif journalier moyen (ADR)
- le taux d'occupation
- la performance globale

Par exemple, un duplex peut générer des revenus simultanément sur deux unités. Si chaque unité produit des revenus solides, le total peut largement dépasser celui d'une maison individuelle. Cependant, les dépenses augmentent également (nettoyage, maintenance, gestion). L'équilibre entre revenus et coûts est essentiel pour obtenir un bon DSCR.

Le zonage et la conformité sont des facteurs critiques. Les propriétés multi-unités sont souvent soumises à des règles plus strictes :

- certaines villes autorisent Airbnb uniquement pour les maisons individuelles
- d'autres imposent des licences ou des limites d'unités

Avant tout achat, il est essentiel de vérifier que votre stratégie est autorisée. Les prêteurs peuvent exiger des preuves de conformité et limiter le financement dans certaines zones.

En termes de financement, les options principales sont :

- prêts DSCR
- prêts Non-QM

Les prêts traditionnels peuvent être utilisés pour les biens de 2 à 4 unités, surtout si une unité est occupée par le propriétaire. Cependant, ils sous-évaluent souvent le potentiel Airbnb.

Les prêts DSCR sont généralement les plus adaptés, car ils se basent sur les revenus du bien. L'avantage majeur des propriétés multi-unités est leur potentiel de DSCR élevé.

Plusieurs unités génèrent plus de revenus, ce qui peut faciliter l'approbation et offrir une meilleure marge de sécurité.

Cependant, ces biens nécessitent plus de capital :

- prix d'achat plus élevés
- apports plus importants
- coûts d'exploitation supérieurs

La gestion est également plus complexe. Gérer plusieurs unités implique :

- coordination des réservations
- nettoyage
- maintenance
- communication clients

Beaucoup d'investisseurs font appel à une gestion professionnelle pour gagner en efficacité.

Des stratégies hybrides sont possibles :

- certaines unités en Airbnb
- d'autres en location longue durée

Cela permet de combiner stabilité et rentabilité.

Une autre stratégie est le "house hacking" :

- vivre dans une unité
- louer les autres sur Airbnb

Cela permet d'accéder à des prêts traditionnels avec un apport plus faible, tout en générant des revenus.

Les propriétés multi-unités permettent une croissance efficace :

- plusieurs revenus avec un seul achat
- réduction des coûts de transaction
- gestion centralisée

Cependant, la gestion du risque reste essentielle. Même avec une diversification interne, les risques subsistent : marché, réglementation, gestion. Maintenir un DSCR solide et des réserves est indispensable.

Un autre avantage est la valorisation. Les biens multi-unités peuvent être évalués sur la base des revenus. En augmentant les performances, vous pouvez augmenter la valeur du bien et créer davantage d'équité.

En résumé, financer des propriétés Airbnb multi-unités nécessite stratégie, discipline et connaissance du marché. Les opportunités sont importantes, mais la complexité l'est aussi.

Exemple : analyse d'un duplex Airbnb

Prenons Kevin :

- Prix : 600 000 $
- Apport : 150 000 $ (25 %)
- Prêt : 450 000 $
- Paiement total : 4 200 $

Données par unité :

- ADR : 190 $
- Occupation : 70 %

Revenus :

- par unité : 3 990 $
- total : 7 980 $

Dépenses (30 %) : 2 394 $

Revenu net : 5 586 $

DSCR = 5 586 ÷ 4 200 = 1,33 → approuvé

Cash flow :

- 1 386 $ / mois
- 16 632 $ / an

Optimisation :

- ADR : 210 $
- Occupation : 75 %

Nouveaux résultats :

- revenus : 9 450 $
- revenu net : 6 615 $
- DSCR : 1,58
- cash flow : 2 415 $ / mois

Cet exemple montre la puissance des propriétés multi-unités :

- revenus plus élevés
- meilleure stabilité
- forte capacité de croissance

Conclusion : les propriétés multi-unités peuvent devenir un pilier de votre portefeuille Airbnb, offrant à la fois stabilité et potentiel de croissance accélérée.

Chapitre 10

Structuration Avancée Des Prêts Hypothécaires Airbnb À L'Aide Des Stratégies DSCR, Basées Sur Les Actifs Et De Financement Créatif

À ce stade de votre parcours d'investissement Airbnb, vous ne pensez plus comme un débutant — vous pensez comme un stratège. Vous comprenez comment vous qualifier pour des prêts, analyser les revenus et structurer des opérations. L'étape suivante consiste à maîtriser la structuration avancée des financements. C'est ici que les investisseurs d'élite se démarquent. Ils ne s'appuient pas sur une seule méthode — ils combinent plusieurs stratégies pour conclure des opérations que d'autres ne peuvent pas, accélérer leur croissance et optimiser à la fois le cash flow et la création d'équité.

La structuration avancée repose sur la flexibilité. Chaque opération est unique, et la capacité à adapter votre financement à la situation est un avantage majeur. Vous passez de la question :
"Quel prêt puis-je obtenir ?"
à :

“Comment structurer cette opération avec plusieurs outils de financement ?”

Les prêts DSCR restent la base. Mais à un niveau avancé, ils sont utilisés de manière stratégique et combinée. Par exemple :

- acquisition avec un prêt DSCR
- refinancement DSCR après amélioration
- combinaison avec d’autres financements

Une stratégie puissante consiste à associer les prêts DSCR avec des prêts basés sur les actifs. Ces prêts utilisent vos liquidités (comptes bancaires, investissements, retraite) pour démontrer votre capacité de remboursement.

En combinant ces deux approches, vous pouvez :

- augmenter votre capacité d’emprunt
- améliorer vos conditions
- sécuriser des opérations plus complexes

Une autre technique avancée est la **cross-collateralization** (garantie croisée). Vous utilisez l’équité d’un bien existant pour financer un nouveau bien. Cela permet de préserver votre liquidité, mais augmente le risque global.

Le financement créatif est également essentiel :

- financement vendeur
- opérations “subject-to” (reprise d’un prêt existant)
- partenariats

Les partenariats permettent de combiner :

- capital
- crédit
- expertise

Vous pouvez ainsi réaliser des opérations plus importantes sans dépendre uniquement de vos ressources.

Une stratégie avancée consiste à empiler plusieurs sources de financement dans une seule opération :

- prêt DSCR (75 %)
- HELOC ou second prêt
- apport personnel

Cela réduit votre investissement direct, mais augmente l’effet de levier.

Les prêts **interest-only** (paiement des intérêts uniquement) peuvent améliorer le cash flow à court terme, mais ne réduisent pas le capital.

Les prêts relais (bridge loans) permettent d'acheter rapidement, rénover, puis refinancer en prêt long terme.

Les investisseurs avancés optimisent également les conditions du prêt :

- taux d'intérêt
- pénalités de remboursement
- durée

Par exemple, un taux légèrement plus élevé sans pénalité peut offrir plus de flexibilité.

À ce niveau, vous devez penser en termes de portefeuille :

- cash flow global
- DSCR moyen
- risque global

La gestion du risque devient essentielle. Plus vous utilisez l'effet de levier, plus votre exposition augmente. Vous devez :

- maintenir des réserves
- diversifier vos marchés
- éviter le surendettement

Le timing est également clé :

- quand refinancer
- quand conserver
- quand vendre

La fiscalité joue un rôle important :

- structuration en société
- amortissement
- optimisation des refinancements

La structuration avancée vous permet de contrôler plus d'actifs avec moins de capital et de créer un système évolutif.

Exemple : structuration avancée d'une opération Airbnb

Prenons Michael :

• Prix du bien : 800 000 $

Structure :

- prêt DSCR (75 %) → 600 000 $
- HELOC → 100 000 $
- apport personnel → 100 000 $

Paiement total : 5 200 $

Performance initiale :

- ADR : 320 $
- Occupation : 72 %
- Revenu brut : 6 912 $
- Revenu net : 5 184 $

DSCR < 1,0 → refus initial

Michael améliore le bien :

- investissement : 50 000 $
- amélioration : mobilier luxe, piscine, extérieur

Nouveaux résultats :

- ADR : 380 $
- Occupation : 75 %
- Revenu brut : 8 550 $
- Revenu net : 6 412 $

DSCR = 1,23 → approuvé

Cash flow :

- 1 212 $ / mois
- 14 544 $ / an

Après 1 an :

- valeur : 920 000 $

Refinancement à 75 % :

- nouveau prêt : 690 000 $
- cash récupéré : ~90 000 $

Michael utilise ce capital pour un nouveau bien.

Cet exemple montre comment :

- combiner plusieurs financements
- améliorer un bien
- refinancer
- réinvestir

Conclusion : la structuration avancée transforme les opérations complexes en opportunités. Elle vous permet de dépasser les limites traditionnelles et de construire un portefeuille Airbnb performant et évolutif.

Chapitre 11

Construire Des Systèmes, L'Automatisation Et Les Opérations Pour Une Entreprise Airbnb Évolutive

À mesure que votre portefeuille Airbnb grandit, le défi évolue : il ne s'agit plus seulement d'acquérir des biens, mais de les gérer efficacement. De nombreux investisseurs sous-estiment cette transition. Gérer un seul bien peut sembler simple, mais plusieurs propriétés deviennent rapidement complexes sans systèmes en place. C'est ici que les opérations, l'automatisation et les systèmes évolutifs deviennent la base du succès à long terme.

Au début, vous pouvez gérer manuellement les réservations, la communication, le nettoyage et la tarification. Mais à mesure que vous grandissez, cette approche devient insoutenable. La clé n'est pas de travailler plus, mais de créer des systèmes qui permettent à votre activité de fonctionner efficacement.

La première étape est la **standardisation**. Chaque propriété doit suivre un cadre cohérent :

- création des annonces

- communication avec les clients
- procédures de nettoyage

Cela réduit les erreurs et facilite la délégation.

L'optimisation des annonces est essentielle :

- photos professionnelles
- descriptions attractives
- proposition de valeur claire

Cela améliore l'occupation et les revenus.

La stratégie de prix est un levier majeur. Les prix Airbnb sont dynamiques (demande, saisonnalité, événements). Les outils de tarification automatique permettent d'ajuster les prix en temps réel et d'optimiser les revenus.

La communication client est centrale. Une communication rapide et professionnelle améliore les avis et les réservations. Les outils d'automatisation permettent d'envoyer :

- confirmations de réservation
- instructions d'arrivée
- messages de suivi

Cela garantit une expérience cohérente tout en réduisant le temps de gestion.

Le nettoyage et la maintenance sont critiques. Une propriété propre et bien entretenue est indispensable pour obtenir de bonnes évaluations. À grande échelle, il est essentiel de :

- utiliser des checklists
- travailler avec des équipes fiables
- automatiser la planification

Les systèmes de maintenance sont également essentiels pour gérer les réparations rapidement et protéger votre investissement.

La gestion multi-plateformes (Airbnb, VRBO, Booking) nécessite des outils de synchronisation pour éviter les doubles réservations et maximiser la visibilité.

Le suivi financier devient indispensable avec la croissance :

- revenus
- dépenses
- taux d'occupation
- cash flow

Les outils automatisés permettent de suivre les performances en temps réel et de prendre des décisions basées sur les données.

La construction d'une équipe est également essentielle :

- gestionnaires
- personnel de nettoyage
- maintenance
- support client

Vous devez décider entre :

- autogestion (plus rentable, mais exigeante)
- gestion professionnelle (plus simple, mais coûteuse)

La technologie joue un rôle clé :

- serrures intelligentes
- check-in automatisé
- capteurs de bruit
- gestion énergétique

Ces outils améliorent l'efficacité et l'expérience client.

Créer une expérience client fluide est fondamental :

- instructions claires
- communication rapide
- logement prêt et optimisé

Cela génère de meilleurs avis et plus de réservations.

Les systèmes doivent être constamment améliorés. Ce qui fonctionne pour un bien doit être adapté à plusieurs. L'optimisation continue est essentielle.

La résilience est également importante :

- annulations
- réparations
- fluctuations du marché

Des systèmes solides permettent de gérer ces imprévus.

La gestion du temps est critique. Vous devez vous concentrer sur :

- acquisition
- stratégie
- optimisation

L'automatisation vous libère du temps pour croître.

Le branding devient aussi important :

- identité visuelle
- expérience cohérente
- fidélisation des clients

En résumé, construire des systèmes permet de transformer un portefeuille en entreprise performante et durable.

Exemple : améliorer la performance grâce à l'automatisation

Lisa possède 3 biens Airbnb :

Par bien :

- revenu brut : 5 500 $
- dépenses : 30 % (1 650 $)
- revenu net : 3 850 $
- coûts fixes : 2 800 $
- cash flow : 1 050 $

Total : 3 150 $ / mois

Temps de gestion : 25 h/semaine

Lisa met en place des systèmes :

- tarification dynamique
- messages automatisés
- entreprise de nettoyage

Résultats :

- revenu brut : 5 900 $

- dépenses : 27 % (1 593 $)
- revenu net : 4 307 $
- cash flow : 1 507 $ / bien

Total (3 biens) : 4 521 $ / mois (+1 371 $)

Temps réduit à 10 h/semaine

Elle acquiert ensuite 3 biens supplémentaires :

• 6 biens :

- cash flow total : 9 042 $ / mois
- 108 000 $ / an

Temps : 18 h/semaine

Cet exemple montre que l'automatisation permet :

- d'augmenter les profits
- de réduire le temps
- de faciliter la croissance

Conclusion : réussir dans Airbnb ne dépend pas seulement des acquisitions, mais de la création d'un système efficace. Avec les bons outils et processus, vous pouvez construire une entreprise rentable, scalable et durable.

Chapitre 12

Stratégies De Sortie, Optimisation Du Portefeuille Et Création De Richesse À Long Terme Avec Les Investissements Airbnb

À ce stade de votre parcours d'investissement Airbnb, vous avez appris à acquérir des biens, à obtenir du financement, à optimiser les revenus et à développer votre portefeuille. Cependant, un élément essentiel est souvent négligé : la stratégie de sortie. Savoir comment et quand sortir — ou repositionner — vos investissements est tout aussi important que savoir comment les acquérir.

Une stratégie de sortie ne consiste pas simplement à vendre un bien. Il s'agit d'avoir un plan clair pour chaque actif en fonction de vos objectifs financiers. Cela inclut :

- conserver
- refinancer
- convertir
- vendre

Une stratégie bien définie vous offre flexibilité et adaptabilité face aux changements du marché.

L'une des stratégies les plus courantes est la **conservation à long terme**. Vous gardez le bien et générez des revenus tout en bénéficiant de l'appréciation. Avec le temps :

- la valeur augmente
- le prêt diminue
- votre équité croît

C'est la base de la richesse à long terme.

Cependant, conserver un bien indéfiniment n'est pas toujours optimal. Les marchés évoluent, les réglementations changent et la performance peut varier. Dans certains cas, vendre peut générer un meilleur rendement.

Une autre stratégie consiste à **refinancer et conserver**. Vous accédez à l'équité sans vendre et utilisez ce capital pour investir dans d'autres biens. Cela permet de continuer à générer des revenus tout en développant votre portefeuille.

L'**optimisation du portefeuille** est un processus continu. Vous devez analyser :

- cash flow

- DSCR
- taux d'occupation
- rendement

Les biens sous-performants doivent être améliorés, repositionnés ou remplacés.

La **conversion** est également une stratégie clé :

- Airbnb → location longue durée
- location longue durée → Airbnb

Cela permet de s'adapter aux conditions du marché et aux réglementations.

Le **1031 exchange** est un outil puissant pour différer l'impôt sur les plus-values lors de la vente d'un bien, en réinvestissant dans un autre. Cela permet de faire croître votre portefeuille sans perte fiscale immédiate.

Le timing est essentiel. Vendre dans un marché fort maximise les gains, tandis que conserver en période de baisse peut permettre de profiter d'une future hausse.

La gestion de la dette est également cruciale :

- refinancer
- réduire les prêts

- restructurer

L'objectif est d'équilibrer effet de levier et stabilité.

Le cash flow reste central. Il apporte :

- stabilité
- flexibilité
- capacité de réinvestissement

L'appréciation, quant à elle, augmente votre patrimoine à long terme.

La diversification réduit le risque :

- différents marchés
- types de biens
- niveaux de prix

La fiscalité joue un rôle majeur :

- amortissement
- déductions
- stratégies de report

Un expert fiscal peut optimiser vos rendements.

La planification successorale est aussi importante pour créer une richesse générationnelle.

Avec le temps, votre focus peut passer de la croissance à la préservation :

- réduction du risque
- stabilisation des revenus
- protection des actifs

L'analyse globale du portefeuille devient essentielle :

- cash flow total
- DSCR moyen
- équité totale

La liquidité est également importante. L'immobilier n'est pas un actif liquide, donc :

- réserves
- lignes de crédit
- refinancement

sont essentiels pour gérer les opportunités et les imprévus.

En résumé, l'objectif n'est pas seulement d'acheter des biens, mais de construire un système générateur de richesse à long terme.

Exemple : optimisation et stratégie de sortie

David possède 4 biens :

Par bien :

- valeur : 500 000 $
- prêt : 350 000 $
- revenu net : 4 500 $
- dépenses : 3 200 $
- cash flow : 1 300 $

Total :

- 5 200 $ / mois
- 62 400 $ / an

Après appréciation :

- valeur : 600 000 $
- équité : 250 000 $ / bien
- total : 1 000 000 $

David analyse :

1. **Conserver**

   → revenus stables + appréciation
2. **Refinancer (75 %)**

   → extraction : 100 000 $ / bien = 400 000 $

→ nouveau cash flow : 700 $ / bien
→ total : 2 800 $ / mois

Il investit 400 000 $ dans 2 nouveaux biens :
→ +2 400 $ / mois

Total final : 5 200 $ / mois (même revenu, portefeuille plus grand)

3. **Vendre un bien**
   → net : 230 000 $
   → achat d'un bien plus performant
   → cash flow : 2 500 $ / mois (au lieu de 1 300 $)

Cet exemple montre que :

- conserver = stabilité
- refinancer = croissance
- vendre = optimisation

Conclusion : il n'existe pas une seule stratégie idéale. Le succès dépend de votre capacité à aligner vos décisions avec vos objectifs.

Avec les bonnes stratégies, vous pouvez transformer votre portefeuille Airbnb en un moteur puissant de création de richesse à long terme.

Chapitre 13

Créer Un Système Répétable De Recherche D'Opportunités Et De Financement Pour Les Investissements Airbnb

À ce stade de votre parcours, vous comprenez comment fonctionne le financement Airbnb, comment structurer des opérations, développer un portefeuille et gérer des biens. L'étape finale consiste à transformer tout cela en un système répétable — une véritable machine capable de trouver, analyser, financer et conclure des opérations rentables de manière constante. C'est ici que l'investissement passe du hasard à la prévisibilité.

La plupart des investisseurs échouent non pas par manque de connaissances, mais par manque de système. Ils dépendent d'opportunités aléatoires, d'analyses incohérentes et de décisions réactives. Un système élimine l'incertitude et vous donne un avantage compétitif.

La base de votre système est la **recherche d'opportunités (deal sourcing)**. Vous devez créer un flux constant de biens à analyser :

- annonces MLS
- opportunités off-market
- grossistes
- marketing direct
- outils d'analyse

L'objectif n'est pas de trouver une bonne affaire – mais un flux d'affaires.

Le choix du marché est essentiel. Votre système doit inclure des critères :

- demande touristique
- taux d'occupation
- ADR
- réglementation
- concurrence

Cela augmente vos chances de succès.

Ensuite vient l'analyse des opérations. Chaque bien doit être évalué avec un cadre standard :

- prix d'achat
- revenus
- dépenses
- DSCR
- cash flow
- rendement

La standardisation permet de comparer rapidement les opportunités.

La rapidité est un avantage clé. Un système bien structuré vous permet d'analyser rapidement et d'agir avec confiance.

Le financement doit être préparé à l'avance :

- relations avec prêteurs DSCR et Non-QM
- pré-qualification
- capacité d'emprunt

Cela vous permet d'agir rapidement.

La structuration des opérations est également intégrée :

- ajustement de l'apport
- choix du prêt
- optimisation des revenus

Votre système doit proposer des solutions lorsque l'opération ne fonctionne pas immédiatement.

La due diligence est essentielle :

- validation des données
- inspection du bien
- conformité réglementaire
- vérification des revenus

Cela réduit les risques.

La négociation est un levier puissant. Chaque dollar économisé améliore la rentabilité et l'approbation.

Le processus de clôture doit être structuré :

- coordination avec prêteurs
- inspection
- évaluation
- titre

Après l'achat, votre système passe à la stabilisation :

- mise en place
- lancement Airbnb
- optimisation

Le suivi des performances est essentiel :

- taux d'occupation
- ADR
- cash flow

Les décisions doivent être basées sur les données.

L'automatisation améliore l'efficacité :

- pricing
- communication
- gestion

Cela permet de passer à l'échelle sans surcharge.

La construction d'une équipe est clé :

- agents
- prêteurs
- nettoyeurs
- gestionnaires

Cela vous permet de vous concentrer sur la stratégie.

La cohérence est le facteur le plus important. Un système fonctionne seulement s'il est appliqué systématiquement.

Votre système doit évoluer avec l'expérience. L'amélioration continue permet d'optimiser les résultats.

La croissance consiste à augmenter le volume tout en maintenant la qualité.

La gestion du risque doit être intégrée :

- réserves
- diversification
- hypothèses prudentes

Votre système doit être aligné avec vos objectifs :

- cash flow
- croissance
- patrimoine

En résumé, un système répétable transforme votre activité en une entreprise prévisible et scalable.

Exemple : système d'acquisition répétable

Chris définit ses critères :

- prix : 300 000 $ – 500 000 $
- DSCR : minimum 1,25
- cash flow : minimum 1 000 $

- occupation : 65 % – 75 %
- ADR : 200 $ – 300 $

Processus mensuel :

- 50 biens analysés
- 10 qualifiés
- 3 solides
- 1 acheté

Exemple d'un bien :

- prix : 400 000 $
- apport : 100 000 $
- prêt : 300 000 $
- coût : 2 800 $

Revenus :

- ADR : 240 $
- occupation : 70 %
- revenu brut : 5 040 $
- dépenses : 1 260 $
- revenu net : 3 780 $

DSCR : 1,35

Cash flow : 980 $

Optimisation :

- ADR : 260 $
- occupation : 72 %

Résultats :

- revenu brut : 5 616 $
- revenu net : 4 212 $
- cash flow : 1 412 $
- DSCR : 1,50

Après 1 an :

- 2 biens → 2 800 $ / mois

Après 3 ans :

- 6 biens → 8 000 $ / mois

Conclusion : le succès ne dépend pas de la chance, mais du système. En créant un processus structuré et reproductible, vous pouvez transformer l'investissement Airbnb en une machine de génération de revenus prévisible et évolutive.

Chapitre 14

Gestion Avancée Des Risques, Cycles Du Marché Et Protection De Votre Portefeuille Airbnb

À mesure que votre portefeuille Airbnb se développe et que vos stratégies de financement deviennent plus sophistiquées, la gestion du risque devient essentielle. À ce niveau, le succès ne dépend plus uniquement de l'acquisition ou du cash flow, mais de votre capacité à protéger ce que vous avez construit. Les investisseurs avancés comprennent que les marchés évoluent en cycles, que les risques changent et que la durabilité repose sur la préparation et la discipline.

Le premier principe est que le risque est dynamique. Une bonne opération aujourd'hui peut devenir risquée demain en raison de :

- changements de marché
- réglementation
- concurrence

Vous devez donc surveiller, ajuster et anticiper en permanence.

Les cycles du marché jouent un rôle central :

- expansion (croissance, forte demande)
- pic (prix élevés, forte concurrence)
- contraction (baisse de la demande)
- reprise

Comprendre ces phases vous permet d'adapter votre stratégie :

- croissance en phase d'expansion
- prudence en phase de contraction

Le DSCR est un outil clé de protection. Bien que les prêteurs exigent souvent 1,20, les investisseurs avancés visent :

- 1,30 à 1,40

Cela crée une marge de sécurité face aux fluctuations.

L'effet de levier doit être maîtrisé. Trop de dette augmente le risque, surtout en période de baisse. L'équilibre entre dette et équité est essentiel.

Les réserves de trésorerie sont l'un des meilleurs outils de protection :

- couvrir les périodes creuses
- gérer les imprévus

- saisir des opportunités

Les investisseurs avancés maintiennent souvent 6 à 12 mois de réserves.

La diversification réduit le risque :

- plusieurs marchés
- différents types de biens

Cela protège contre les baisses localisées.

Le risque réglementaire est majeur :

- restrictions Airbnb
- licences
- taxes

Choisir des marchés stables et rester informé est essentiel.

Le risque opérationnel doit aussi être contrôlé :

- qualité constante
- bons avis
- gestion efficace

Les systèmes et l'automatisation sont clés pour maintenir la performance.

L'assurance est indispensable :

- responsabilité civile
- dommages
- perte de revenus

Le risque économique influence la demande touristique. En période de crise, les revenus peuvent baisser.

Le risque de taux d'intérêt est important :

- hausse des taux
- impact sur le cash flow
- refinancement plus difficile

Le **stress testing** est une technique avancée pour tester votre portefeuille dans différents scénarios.

La liquidité est essentielle. L'immobilier n'est pas liquide, donc vous devez maintenir :

- réserves
- lignes de crédit
- accès au refinancement

L'analyse globale du portefeuille est cruciale :

- cash flow total

- DSCR moyen
- niveau d'endettement

Les stratégies de sortie renforcent la gestion du risque :

- vente
- refinancement
- conversion

Réduire progressivement le risque est aussi une stratégie :

- rembourser la dette
- vendre les biens faibles
- investir dans des actifs plus sûrs

La discipline mentale est essentielle. Les décisions doivent être basées sur les données, pas sur les émotions.

En résumé, la gestion du risque consiste à équilibrer :

- croissance et stabilité
- opportunité et prudence
- levier et sécurité

Exemple : test de résistance d'un portefeuille de 5 biens

Mark possède 5 propriétés :

Par bien :

- valeur : 450 000 $
- prêt : 315 000 $
- coût : 3 000 $
- revenu net : 4 200 $
- cash flow : 1 200 $

Total :

- 6 000 $ / mois
- DSCR : 1,40

Scénario 1 (occupation ↓ à 60 %) :

- revenu net : 3 600 $
- DSCR : 1,20
- cash flow : 600 $ / bien
- total : 3 000 $

Scénario 2 (prix ↓ 10 %) :

- revenu net : 3 780 $
- DSCR : 1,26
- cash flow : 780 $ / bien
- total : 3 900 $

Scénario 3 (combiné) :

- revenu net : 3 200 $
- DSCR : 1,07
- cash flow : 200 $ / bien
- total : 1 000 $

Stratégies de protection :

- réserves : 90 000 $ (6 mois)
- diversification des marchés
- optimisation des biens
- refinancement si possible

Cet exemple montre que la préparation permet de survivre même aux scénarios difficiles.

Conclusion : la gestion avancée du risque ne consiste pas à éviter les problèmes, mais à s'y préparer. Avec les bonnes stratégies, vous pouvez protéger votre portefeuille Airbnb et assurer sa croissance à long terme.

Chapitre 15

De L'Investisseur À L'Exploitant-Propriétaire — Construire Une Entreprise Airbnb Durable Et Un Héritage À Long Terme

À ce stade final de votre parcours, la perspective change complètement. Il ne s'agit plus simplement d'acheter des biens ou de générer des revenus, mais de construire quelque chose de bien plus puissant : une entreprise Airbnb durable, évolutive et capable de fonctionner sans votre implication constante. C'est une transformation — passer d'investisseur à véritable exploitant-propriétaire.

La plupart des investisseurs commencent avec une mentalité transactionnelle : ils se concentrent sur les opérations individuelles, le cash flow mensuel et les gains à court terme. Mais la vraie richesse ne se construit pas avec des transactions isolées — elle se construit avec des systèmes qui produisent des résultats constants dans le temps.

La première étape consiste à comprendre que votre portefeuille n'est pas simplement un ensemble de biens, mais une **entreprise**. Chaque propriété est une unité de revenus dans un système plus large comprenant :

- marketing
- tarification
- expérience client
- opérations
- financement
- stratégie

Lorsque ces éléments fonctionnent ensemble, vous obtenez une entreprise capable de croître et de s'adapter.

Le **branding** devient essentiel. Au lieu de propriétés isolées, vous créez une identité :

- nom de marque
- design cohérent
- expérience uniforme

Une marque forte attire plus de clients, fidélise et vous différencie du marché.

L'expérience client est au cœur de cette marque. Chaque interaction — de la réservation au départ — reflète votre entreprise. Une excellente expérience génère :

- meilleurs avis
- plus de réservations
- clients récurrents

À ce niveau, vous devez également penser aux **réservations directes**. Les plateformes comme Airbnb offrent de la visibilité, mais prennent des commissions. Créer :

- un site web
- une liste email
- une présence sociale

vous permet de garder plus de revenus et de contrôler votre clientèle.

Les systèmes financiers évoluent aussi. Vous analysez désormais :

- revenus globaux
- marges
- dette
- rendement du portefeuille

Le financement devient stratégique :

- restructuration de la dette
- optimisation des prêts

- levier pour la croissance

La construction d'une équipe devient indispensable :

- gestionnaires
- nettoyage
- maintenance
- support client

Cela vous permet de déléguer et de vous concentrer sur la croissance.

Le leadership devient une compétence clé. Votre rôle est de :

- définir la vision
- prendre des décisions
- assurer la performance

La scalabilité est l'objectif : créer un système qui grandit sans augmenter proportionnellement votre travail.

La technologie est un levier majeur :

- logiciels de gestion
- tarification dynamique
- automatisation

Elle permet efficacité et cohérence.

La diversification renforce votre entreprise :

- marchés différents
- types de biens
- segments clients

La planification à long terme devient stratégique :

- objectifs sur 5–10 ans
- croissance
- refinancement
- sorties

Vous pouvez aussi monétiser au-delà de l'immobilier :

- consulting
- partenariats
- licences de votre modèle

L'héritage est la finalité :

- richesse générationnelle
- structuration juridique
- continuité

La gestion du risque reste essentielle :

- réserves

- gestion de la dette
- adaptation au marché

Le design de votre style de vie devient possible. Une entreprise bien structurée vous offre :

- liberté
- flexibilité
- contrôle du temps

En résumé, cette transformation vous permet de contrôler :

- vos revenus
- votre temps
- votre avenir

Exemple : transformation en cntreprise Airbnb

Anthony possède 4 biens :

Par bien :

- revenu brut : 6 000 $
- dépenses : 1 680 $
- revenu net : 4 320 $
- coûts : 3 000 $
- cash flow : 1 320 $

Total :

- 5 280 $ / mois
- 63 360 $ / an

Temps : 30 h/semaine

Il transitionne :

- embauche un gestionnaire (10 %)

Nouveaux chiffres :

- dépenses : 2 280 $
- revenu net : 3 720 $
- cash flow : 720 $ / bien
- total : 2 880 $ / mois

Temps : 10 h/semaine

Avec ce temps, il acquiert 3 nouveaux biens :

Nouveaux biens :

- revenu brut : 6 500 $
- dépenses : 1 950 $
- revenu net : 4 550 $
- coûts : 3 100 $
- cash flow : 1 450 $

Total (7 biens) :

- anciens : 2 880 $
- nouveaux : 4 350 $
- total : 7 230 $ / mois

Il ajoute un site de réservation directe :
→ +600 $ / mois

Total final :

- 7 830 $ / mois
- 93 960 $ / an

Valeur du portefeuille :

- 3,5 M$

Conclusion :
Anthony ne gère plus des biens — il gère une entreprise.

Conclusion finale du livre :
Le succès en Airbnb ne consiste pas seulement à investir, mais à construire un système. En appliquant ces principes, vous pouvez créer une entreprise évolutive, durable et génératrice de richesse à long terme.

Réflexions finales

Maîtrise, Élan Et Le Chemin À Suivre

Alors que vous arrivez à la fin de ce parcours à travers *The Airbnb Mortgage Loan Mastery Series*, il est important de faire une pause et de reconnaître ce que vous avez construit — non seulement en termes de connaissances, mais aussi de perspective. Ce qui a commencé comme une introduction au financement Airbnb est devenu un cadre complet pour acquérir, structurer, développer et transformer des investissements immobiliers en une entreprise durable à long terme.

Vous ne pensez plus comme un débutant. Vous pensez désormais comme un stratège, un opérateur et un architecte de votre avenir financier.

Tout au long de cette série, un principe est resté constant : le succès dans l'investissement Airbnb n'est pas accidentel. Il résulte de la compréhension des systèmes, de l'application de stratégies et d'une exécution disciplinée. Chaque chapitre a renforcé cette idée — du fonctionnement des prêts DSCR à la structuration des opérations, de la croissance des portefeuilles à la gestion du risque, jusqu'à la création d'une véritable entreprise.

Au cœur de ce système se trouve le **levier** :

- levier financier
- levier stratégique
- levier opérationnel

Vous avez appris à utiliser le financement pour contrôler des actifs, les données pour prendre des décisions, et les systèmes pour évoluer efficacement.

Mais le levier sans discipline crée de l'instabilité. C'est pourquoi la gestion du risque est essentielle :

- comprendre les cycles du marché
- maintenir un DSCR solide
- conserver des réserves
- diversifier

L'adaptabilité est également clé. Le marché Airbnb évolue constamment :

- réglementation
- concurrence
- économie

Les investisseurs qui réussissent sont ceux qui s'adaptent.

Cette série montre clairement que l'investissement Airbnb n'est pas seulement une question de biens — mais de **systèmes**. Lorsque vos systèmes sont solides :

- vos résultats deviennent prévisibles
- votre croissance devient contrôlée

La transition d'investisseur à entrepreneur est l'un des changements les plus puissants que vous puissiez faire. Vous passez de :

- gérer des biens → gérer un système
- travailler dans votre activité → travailler sur votre activité

Cela ouvre de nouvelles opportunités :

- expansion vers de nouveaux marchés
- nouveaux types de biens
- nouvelles sources de revenus

L'un des plus grands avantages de ce parcours est la création de richesse à long terme. L'immobilier combine :

- cash flow
- appréciation
- avantages fiscaux

Avec le temps, cet effet devient exponentiel.

Cependant, il est important de se rappeler : ce n'est pas une course.
Le succès demande :

- temps
- patience
- cohérence

Les défis font partie du processus. Chaque obstacle renforce votre stratégie.

La cohérence est la clé. Ce n'est pas une décision parfaite qui compte, mais des décisions correctes répétées dans le temps.

La clarté de vos objectifs est essentielle :

- indépendance financière
- revenus passifs
- richesse générationnelle

Votre stratégie doit toujours s'aligner avec ces objectifs.

L'apprentissage continu est indispensable. Le marché évolue, et vous devez évoluer avec lui.

Les relations sont également un levier puissant :

- prêteurs
- partenaires
- investisseurs
- équipes

Votre réseau accélère votre succès.

Prenez aussi le temps de reconnaître vos progrès. Chaque opération, chaque acquisition, chaque étape compte.

Et maintenant, la question devient :
Quelle est votre prochaine étape ?

- votre premier bien
- votre prochaine acquisition
- l'optimisation de votre système

Peu importe votre point de départ, ce qui compte, c'est l'action.

Car la connaissance seule ne suffit pas.
C'est l'application qui crée les résultats.

Au final, ce parcours dépasse l'immobilier. Il s'agit de créer :

- liberté de temps
- liberté financière
- liberté de choix

Vous avez maintenant les outils pour réussir :

- comprendre le financement
- structurer des opérations
- développer un portefeuille
- gérer le risque

Le chemin est devant vous.

Ce n’est pas la fin.

C’est le début de la suite.

Comment Obtenir Une Analyse Personnalisée De Prêt Hypothécaire Airbnb

Si vous avez trouvé Fondamentaux des prêts hypothécaires Airbnb : Comment fonctionnent les prêts pour locations de courte durée et comment se qualifier, faisant partie de The Airbnb Mortgage Loan Mastery Series, utile, vous pourriez souhaiter voir comment ces stratégies s'appliquent à votre propre situation financière et à vos objectifs d'investissement. Chaque profil d'investisseur est unique. Le type de bien, l'emplacement, les revenus Airbnb projetés, le score de crédit, le capital disponible et les critères des prêteurs influencent tous les programmes de prêt auxquels vous pouvez prétendre et la manière dont votre opération peut être structurée.

Les exemples présentés dans ce livre sont conçus pour expliquer le fonctionnement des prêts hypothécaires Airbnb — mais vos options réelles ne peuvent être déterminées qu'en analysant votre situation spécifique et votre projet d'investissement.

Vous pouvez demander une consultation sans engagement pour un prêt hypothécaire Airbnb ici :

Email : info@FinibiMortgage.com

Un professionnel du crédit hypothécaire agréé examinera votre situation et vous expliquera quelles options de financement Airbnb peuvent être disponibles, y compris les prêts DSCR, les programmes Non-QM et les stratégies de qualification alternatives basées sur votre bien et votre profil financier.

Aucun coût. Aucune pression. Aucune obligation.

Cordialement,

Joseph G. Correa

Courtier en prêts hypothécaires agréé
Finibi Mortgage Inc.

À Propos De L'Auteur

Joseph G. Correa est un courtier en prêts hypothécaires agréé et le fondateur de Finibi Mortgage, une société basée en Floride spécialisée dans le financement d'investissements immobiliers, les prêts pour Airbnb et locations de courte durée, ainsi que les stratégies de financement alternatives destinées aux investisseurs, entrepreneurs et travailleurs indépendants. Fort de plus de deux décennies d'expérience dans le crédit hypothécaire, la souscription et la structuration financière, Joseph a aidé des milliers de clients à obtenir des financements grâce à des stratégies de prêt intelligentes et flexibles adaptées à l'investissement immobilier moderne.

Contrairement aux conseillers traditionnels qui se concentrent uniquement sur la conclusion de transactions, l'approche de Joseph repose sur la création de richesse à long terme. Il considère que le financement hypothécaire — en particulier pour les biens Airbnb et d'investissement — doit être utilisé comme un levier stratégique pour générer des flux de trésorerie, développer des portefeuilles et atteindre l'indépendance financière. Sa philosophie repose sur l'utilisation intelligente de l'effet de levier, permettant aux investisseurs de croître sans dépendre uniquement de leurs revenus personnels ou des limites du financement traditionnel.

Joseph est largement reconnu pour son expertise dans les prêts DSCR, le financement Non-QM, les prêts pour locations de courte durée, les programmes basés sur les relevés bancaires et la structuration créative des opérations. Il se spécialise dans l'accompagnement des investisseurs en leur permettant de se qualifier sur la base des revenus du bien plutôt que des revenus personnels, rendant possible l'acquisition et le développement de portefeuilles Airbnb pour les débutants, les travailleurs indépendants et les investisseurs expérimentés. Sa capacité à simplifier des concepts de financement complexes en stratégies claires et applicables a permis à de nombreuses personnes d'entrer sur le marché immobilier avec confiance.

Joseph a créé *The Airbnb Mortgage Loan Mastery Series* afin de fournir aux investisseurs les mêmes connaissances en financement utilisées par les banques, les prêteurs privés et les acteurs institutionnels de l'immobilier. Sa mission est simple : aider les personnes à comprendre comment se qualifier, structurer des opérations et passer à l'échelle grâce aux stratégies de financement modernes — afin de construire des entreprises Airbnb rentables et une richesse durable.

Lorsqu'il ne structure pas des opérations ou n'écrit pas, Joseph travaille directement avec des investisseurs et des emprunteurs à travers les États-Unis pour concevoir des stratégies de financement personnalisées alignées avec leurs objectifs, leurs types de biens et leurs plans de croissance.

Feuille De Route De La Série The Airbnb Mortgage Loan Mastery

Le Guide Professionnel Pour Financer, Développer Et Rentabiliser Les Propriétés De Location De Courte Durée

L'objectif de *La Série Maîtrise Des Prêts Hypothécaires Airbnb* est de donner aux investisseurs les mêmes stratégies de financement utilisées par les banques, les prêteurs et les opérateurs immobiliers institutionnels — traduites en conseils clairs et pratiques pour les investisseurs du quotidien. Chaque livre s'appuie sur le précédent, vous faisant passer des connaissances fondamentales à la structuration avancée des opérations, au développement de portefeuille et à la création de richesse à long terme grâce aux propriétés Airbnb et aux locations de courte durée.

Livre 1 — Fondamentaux Des Prêts Hypothécaires Airbnb

Ce livre vous donne les bases. Vous comprendrez comment fonctionnent les prêts hypothécaires Airbnb, ce qui les différencie du financement traditionnel et comment les prêteurs évaluent les propriétés de location de courte durée. Vous apprendrez les concepts fondamentaux des prêts DSCR, des prêts Non-QM et de la qualification basée sur les revenus, ainsi que qui peut se qualifier et comment structurer votre première opération. Chaque livre qui suit s'appuie sur ces connaissances et vous montre comment les appliquer à l'investissement réel.

Livre 2 — Prêts Hypothécaires Airbnb DSCR

Ce livre se concentre sur l'un des outils les plus puissants de l'investissement Airbnb : les prêts DSCR. Vous apprendrez à vous qualifier en utilisant les revenus locatifs plutôt que vos revenus personnels, comment le DSCR est calculé à partir des données de location de courte durée et comment positionner votre propriété pour répondre aux exigences du prêteur. Ce livre vous montre comment dépasser les limites du revenu traditionnel et évoluer plus rapidement.

Livre 3 — Prêts Hypothécaires Airbnb Pour Débutants

Ce livre est conçu pour les investisseurs débutants. Vous apprendrez à acheter votre première propriété Airbnb avec la bonne stratégie de prêt, à analyser les opérations et à surmonter les obstacles les plus fréquents. Il propose un chemin clair, étape par étape, allant de zéro expérience à votre premier investissement réussi.

Livre 4 — Prêts Hypothécaires Pour Propriétés D'Investissement Airbnb

Ce livre se concentre sur le passage à l'échelle. Vous apprendrez à financer plusieurs propriétés Airbnb, à construire un portefeuille et à optimiser le cash flow. Il introduit des stratégies pour acquérir efficacement des propriétés et les gérer comme partie intégrante d'un système plus vaste.

Livre 5 — Prêts Hypothécaires Airbnb Sans Vérification De Revenu

Ce livre explore des stratégies avancées de qualification. Vous apprendrez à être approuvé sans déclarations fiscales grâce aux programmes DSCR, aux prêts sur relevés bancaires et à d'autres programmes de documentation alternative. Il est conçu pour les travailleurs indépendants et les investisseurs qui veulent plus de flexibilité dans leur qualification.

Livre 6 — Prêts Hypothécaires Airbnb De Luxe

Ce livre se concentre sur les propriétés haut de gamme. Vous apprendrez à financer des investissements Airbnb de luxe, à analyser des tarifs journaliers moyens élevés et à équilibrer risque et rendement. Il introduit également des stratégies de prêts jumbo et de positionnement sur des marchés premium.

Livre 7 — Prêts Hypothécaires Airbnb Pour Maisons De Vacances

Ce livre explique comment financer des résidences secondaires et les transformer en locations de courte durée rentables. Vous apprendrez la différence entre les critères applicables aux résidences secondaires et aux propriétés d'investissement, ainsi que les stratégies d'utilisation hybride et les considérations de conformité.

Livre 8 — Refinancement Des Prêts Hypothécaires Airbnb Et Stratégies De Retrait De Liquidités

Ce livre vous enseigne comment libérer de l'équité et passer à l'échelle plus rapidement. Vous apprendrez à refinancer des propriétés Airbnb, à exécuter des stratégies de retrait de liquidités et à recycler votre capital dans de nouveaux investissements.

Livre 9 — Prêts Hypothécaires Airbnb Pour Propriétés Multi-Unités

Ce livre se concentre sur les duplex, triplex et petits immeubles collectifs. Vous apprendrez à financer plusieurs flux de revenus au sein d'une seule propriété, à analyser des modèles de location mixtes et à gérer les questions de zonage et de conformité.

Livre 10 — Structuration Avancée Des Prêts Hypothécaires Airbnb

Ce livre rassemble tous les éléments. Vous apprendrez à combiner des stratégies DSCR, basées sur les actifs et de financement créatif pour conclure des opérations complexes. Il est conçu pour les investisseurs qui veulent opérer à un niveau élevé et se développer sans limites.

Cette série est conçue pour être suivie étape par étape ou utilisée comme référence selon votre niveau actuel. Que vous soyez au tout début de votre parcours ou déjà en train de construire un portefeuille, chaque livre fournit les outils, les stratégies et les perspectives nécessaires pour avancer avec clarté et confiance.

L'objectif est simple : vous aider à comprendre comment financer, structurer et développer des investissements Airbnb afin de construire une entreprise immobilière rentable et durable à long terme.

Avertissement Éducatif Et Financier

Ce livre est fourni à des fins éducatives et informatives uniquement. L'auteur et l'éditeur ne fournissent pas de conseils juridiques, fiscaux, comptables, d'investissement ou financiers. Bien que Joseph G. Correa soit un courtier en prêts hypothécaires agréé, les informations contenues dans ce livre ont pour objectif de fournir une éducation générale sur les prêts hypothécaires Airbnb, le financement DSCR et les stratégies d'investissement en location de courte durée — et non des conseils personnalisés en matière financière, juridique ou de crédit.

Les programmes de prêt hypothécaire, les lignes directrices de souscription, les taux d'intérêt, les exigences de crédit et les options de financement pour locations de courte durée varient selon le prêteur, l'investisseur, l'État et les conditions économiques, et peuvent changer à tout moment sans préavis. Les exemples, calculs et scénarios présentés dans ce livre sont hypothétiques et fournis à titre illustratif uniquement. Ils ne représentent pas des résultats garantis, des approbations de prêt ou des résultats d'investissement réels.

La performance des locations de courte durée, y compris les revenus Airbnb, les taux d'occupation et les tarifs journaliers moyens, dépend de la demande du marché, de la concurrence, de la saisonnalité, de la qualité de gestion et des réglementations locales. Ces facteurs peuvent varier considérablement et ne sont pas garantis. Avant de prendre toute décision financière — y compris l'achat d'une propriété Airbnb, la demande d'un prêt DSCR ou Non-QM, le refinancement ou l'utilisation du financement immobilier à des fins d'investissement — les lecteurs doivent consulter un professionnel qualifié, tel qu'un courtier en prêts hypothécaires, un conseiller financier, un conseiller fiscal ou un avocat, afin d'évaluer leur situation spécifique.

Divulgation Des Risques

L'investissement immobilier et le financement de locations de courte durée comportent des risques. Les propriétés Airbnb reposent sur des revenus variables, qui peuvent fluctuer en raison des changements de la demande, de la concurrence, des conditions économiques et des réglementations locales. Il n'existe aucune garantie qu'un bien atteindra les niveaux de revenus projetés ou maintiendra un taux d'occupation constant.

L'emprunt pour l'achat ou le refinancement de biens d'investissement augmente l'effet de levier financier et le risque. Le non-paiement des échéances hypothécaires peut entraîner une saisie ou la perte du bien. Les prêts DSCR et Non-QM peuvent comporter des taux d'intérêt plus élevés, des conditions plus strictes ou des pénalités de remboursement anticipé, ce qui peut affecter la rentabilité à long terme.

De plus, les changements de lois ou de réglementations concernant les locations de courte durée peuvent affecter votre capacité à exploiter un bien en tant qu'Airbnb. Les investisseurs sont responsables du respect de toutes les réglementations locales, étatiques et fédérales.

Ce livre enseigne des approches structurées, stratégiques et responsables du financement et de l'investissement Airbnb, mais aucune stratégie n'est sans risque. Les lecteurs sont seuls responsables de leurs décisions financières et de leurs résultats. Ni l'auteur ni l'éditeur ne donnent de garanties, expresses ou implicites, quant à l'exactitude, l'exhaustivité ou l'applicabilité des informations contenues dans ce livre à une situation individuelle.

www.ingramcontent.com/pod-product-compliance
Lightning Source LLC
LaVergne TN
LVHW022225200926
848481LV00006B/2121